DDD 4 Developers

Christopher Rudoll ist Softwarearchitekt bei der iteratec GmbH in München und arbeitet an Projekten in den Branchen Automotive und Logistik. Sein Tätigkeitsfeld reicht vom Entwurf und der Umsetzung von Webanwendungen bis zur Konzeption und Implementierung komplexer Microservice-Landschaften, wobei sein besonderes Interesse den Ideen des Domain-Driven Design gilt.

Christopher Rudoll

DDD 4 Developers

Patterns für die Implementierung

dpunkt.verlag

Christopher Rudoll
christopher.rudoll@iteratec.com

Lektorat: Christa Preisendanz
Buchmanagement: Julia Griebel
Copy-Editing: Ursula Zimpfer, Herrenberg
Satz: Christopher Rudoll
Herstellung: Stefanie Weidner, Frank Heidt
Umschlaggestaltung: Eva Hepper, Silke Braun
Druck und Bindung: mediaprint solutions GmbH, 33100 Paderborn

Bibliografische Information der Deutschen Nationalbibliothek
Die Deutsche Nationalbibliothek verzeichnet diese Publikation in der Deutschen Nationalbibliografie; detaillierte bibliografische Daten sind im Internet über *http://dnb.d-nb.de* abrufbar.

ISBN:
Print 978-3-98889-041-2
PDF 978-3-98890-253-5
ePub 978-3-98890-254-2

1. Auflage 2025

Wieblinger Weg 17
69123 Heidelberg
E-Mail: *hallo@dpunkt.de*

Hinweis:
Dieses Buch wurde mit mineralölfreien Farben auf PEFC-zertifiziertem Papier aus nachhaltiger Waldwirtschaft gedruckt. Der Umwelt zuliebe verzichten wir zusätzlich auf die Einschweißfolie.
Hergestellt in Deutschland.

PEFC-zertifiziert
Dieses Buch stammt aus nachhaltig bewirtschafteten Wäldern und kontrollierten Quellen
PEFC/04-31-0810
www.pefc.de

Schreiben Sie uns:
Falls Sie Anregungen, Wünsche und Kommentare haben, lassen Sie es uns wissen: *hallo@dpunkt.de.*

5 4 3 2 1 0

Vorwort

Dieses Buch ist die Summe zahlreicher (und unermüdlicher) Versuche, gute Software zu entwickeln. Es versucht Ideen zu vermitteln, die ich aus Erfolgen und Misserfolgen im Projektalltag gewonnen habe. Die Überzeugung, dass es gerade die Prinzipien des Domain-Driven Design (DDD) sind, die – auch wenn sie unabsichtlich angewandt werden – letztlich ein Chaos im Entstehen von Software verhindern, ist Ausgangspunkt des Buches geworden.

Das Schreiben von Software ist eine merkwürdige Sache. Man braucht zunächst nicht sehr viel – eine IDE (Integrated Development Environment), einen Compiler, eine kurze Anleitung zu if-Blöcken und Schleifen und schon entsteht Software. Kommen nun noch einige mächtige Frameworks hinzu, kann sehr schnell der Eindruck von Reife entstehen. Softwarearchitektur wird manchmal mit der Architektur eines Hauses verglichen. Anders aber als beim Bauen eines Hauses fällt Software, die ungeplant durch das bloße Aufeinanderschichten von Bauteilen entsteht, nicht plötzlich in sich zusammen. Auch die Wände sehen auf den ersten Blick oft gerade aus. Doch täuscht dieser Eindruck: Software, die keinem organisierenden Prinzip folgt, hat eine ähnliche Tendenz zum Kollaps – nur dass sich der Zusammenbruch von Software vor allem darin äußert, dass schlicht kein Feature mehr gebaut werden kann, ohne ein unkalkulierbares Risiko von Regression zu erzeugen. Die Kosten explodieren.

Meine Faszination für DDD hat ihren Ursprung in einer Frage, die unterschiedlich erfolgreiche Softwareprojekte aufwarfen – möglicherweise eine Frage nach dem, was später in diesem Buch der »glückliche Zufall« genannt wird: Warum scheint bei mancher Software jede neue Anforderung ein neues Problem darzustellen, während andere Software sich stets leicht um neue Funktionalität erweitern lässt und manchmal sogar erwünschte Effekte geradezu unbeabsichtigt zu erzeugen scheint? Was ist der Unterschied zwischen diesen Arten von Software? Für mich waren es am Ende die Ideen, die Evans' DDD-Buch zugrunde liegen, die mir einen Anhaltspunkt zur Beantwortung dieser Frage gaben. Software hat eine Tendenz, zum Luftschloss zu verkommen, und sie braucht eine Verankerung in der realen Welt. Domain-Driven Design stellt Prinzipien zur Verfügung, die einen solchen Anker bieten können. Von dieser Verankerung der Software in der realen Welt handelt dieses Buch.

Mein Dank gilt den Kolleginnen und Kollegen der iteratec GmbH, ohne deren Engagement und Diskussionsbereitschaft ich weder Softwareprojekte durchführen könnte, noch dieses Buch hätte schreiben können. Besonders danke ich Stefan Rauch und Wolfgang Strunk für ihre Unterstützung, Lars Orta für die Intuitionen, Fabian Knoll für hilfreiche Anmerkungen, Andreas Feldschmid für Korrekturen und ansteckenden Enthusiasmus sowie Franziska Gilbert und Konstantin Schlagbauer für Debatten und Abstraktionen.

Darüber hinaus möchte ich dem dpunkt.verlag und insbesondere Christa Preisendanz für die Unterstützung bei diesem Buchprojekt danken. Den Reviewern und vor allem Carola Lilienthal danke ich für hilfreiche Anregungen.

Es liegt in der Natur von Büchern, dass sie als abgeschlossenes Ganzes erscheinen. Doch gerade eine Sammlung von Patterns, die aus der Praxis gewonnen wurden, kann nie völlig abgeschlossen sein. Die Praxis verändert sich, neue Ideen und Erkenntnisse kommen auf und die Herausforderungen sind im Wandel. Ich hoffe, dass dieses Buch für die Leserinnen und Leser von Nutzen sein wird – und freue mich über jedes Feedback und jeden Erfahrungsbericht, auf welchem Kanal er mich auch erreicht!

Christopher Rudoll
München, im Februar 2025

Inhaltsverzeichnis

1 Einleitung

Always remember that the model is not the diagram.

— Eric Evans

1.1 Wovon dieses Buch handelt

Dieses Buch handelt von Domain-Driven Design (DDD). Genauer gesagt: davon, was Domain-Driven Design für Softwareentwickler bedeutet. Die überwiegende Mehrzahl der Studien zu DDD richtet sich (implizit oder explizit) entweder an Softwarearchitekten oder an Business-Analysten (BAs). Das ist nicht überraschend, da Domänenmodellierung und Prozessdesign – die zentralen Tätigkeiten des DDD – häufig im Rahmen dieser Rollen durchgeführt werden. Architekten und BAs sind geübt darin, die Fragen zu stellen, die entscheidende Unterschiede in der Modellierung ausmachen, und die Prinzipien des DDD erleichtern dies. Umgekehrt scheinen diese Prinzipien für Entwickler zunächst nicht unmittelbar relevant zu sein, da sie gerade in ihrer Abstraktheit keinen direkten Bezug zur täglichen Arbeit in der Implementierung aufweisen. Doch gibt es mindestens zwei Gründe, warum DDD auch für Entwickler relevant ist:

- DDD endet nicht auf der architekturellen Ebene. In der Implementierung stößt man immer wieder auf Problemstellungen, die zunächst als reine »Implementierungsdetails« erscheinen und sich bei näherer Betrachtung als Fragen von Domänenmodellierung entpuppen – und spätestens hier ist ein Verständnis von Regeln, die Architekten aus ihrer Erfahrung vertraut sind, auch für Entwickler relevant.
- Obwohl es immer noch die Regel zu sein scheint, dass Teams aus Softwareentwicklern und -architekten bestehen, deren Tätigkeiten sich zwar überschneiden, aber letztlich doch sehr unterschiedlich sind, entscheiden sich immer mehr Teams, die Rolle des »Architekten« nicht durch eine Person zu besetzen, sondern

architekturelle Arbeit im Entwicklungsteam durchführen zu lassen. Dieses Vorgehen passt sicherlich besser zu den agilen Vorgehensmodellen, die die Industrie inzwischen fast flächendeckend adaptiert hat. Es stellt aber auch neue Herausforderungen an die Mitglieder des Entwicklungsteams, wenn es nicht am Ende dazu führen soll, dass »Architektur-Storys« von De-facto-Architekten umgesetzt werden, die das nur dem Namen nach nicht mehr sind. Wenn aber umgekehrt auch architekturelle Aufgaben durch Entwickler gelöst werden sollen, ist ein Verständnis von DDD für diese zumindest sehr hilfreich.

Nun bedeutet DDD auf der Implementierungsebene nicht genau dasselbe wie auf der architekturellen Ebene. Vielmehr werden allgemeine Prinzipien hier oft sehr konkret. Dies ermöglicht es, wiederkehrende Fragestellungen zu identifizieren und sie in Patterns zu gießen, die einen hohen Wiedererkennungswert haben. Solche DDD-Patterns unterscheiden sich von den klassischen Design-Patterns dadurch, dass sie nicht so sehr darauf abzielen, ein Implementierungsproblem möglichst einfach oder effizient zu lösen. Vielmehr geht es darum, die Zieldomäne möglichst akkurat in Code zu modellieren, um Divergenzen zwischen Code und realer Welt zu vermeiden. DDD befasst sich mit der Beziehung zwischen Code und mentaler Welt der Domänenexperten (und letztlich der Endanwender) – und nicht primär mit den verschiedenen Möglichkeiten, den resultierenden Code zu strukturieren, Abhängigkeiten zu entkoppeln oder testbar zu machen.

1.2 Wer dieses Buch lesen sollte

Geschrieben wurde dieses Buch für Entwickler, die sich bereits die Frage gestellt haben, »was DDD eigentlich konkret bedeutet«. Ich werde versuchen, diese Frage so konkret wie möglich zu beantworten. DDD ist in der Implementierung genau so wichtig wie in der Architektur und die Grundsätze sauberen domänenorientierten Designs auf den Code anzuwenden, erfordert einige Übung. Die Beispiele, die ich gewählt habe, sind so einfach wie möglich gehalten, sind aber von der realen Praxis abstrahiert. Die zugrunde liegenden Prinzipien sind auf komplexere Kontexte übertragbar, auch wenn dies in einigen Fällen eine gewisse Abstraktionsleistung erfordert.

Was die BAs und Architekten betrifft, so hoffe ich, dass der Text ihnen eine interessante Perspektive eröffnet, die etwas abseits der ausgetretenen Pfade einschlägiger DDD-Einführungen liegt.

1.3 Wovon dieses Buch *nicht* handelt

Dieses Buch ist keine klassische Einführung in Domain-Driven Design. Es gibt viele gute Bücher dieser Art und ich glaube nicht, dass es ein weiteres braucht. Insbesondere handelt dieses Buch daher nicht von der Unterscheidung zwischen strategischem und taktischem Design, nicht von Event Storming und nicht einmal primär von Aggregate Roots und Repositories. Das soll nicht bedeuten, dass ich diese Dinge nicht für wichtig halte – ganz im Gegenteil! Sie sind nur nicht das Thema dieses Buches. Mir geht es zugleich um etwas Abstrakteres und etwas Konkreteres: Ich glaube, dass DDD insofern abstrakter ist, als es völlig unwichtig ist, in welcher Struktur, Architektur, Programmiersprache, Framework oder in welchen Design-Patterns es implementiert ist. Es wurde oft betont, dass DDD und funktionale Programmierung gut zusammenpassen, und ich stimme dem zu. Wahrscheinlich ließe sich DDD sogar in Assembler implementieren, wenngleich ich hoffe, dass mich niemand darum bittet, den Beweis anzutreten. Ebenso handelt dieses Buch *nicht* von hexagonaler oder »cleaner« Architektur. Es ist in den letzten Jahren in Mode gekommen, diese Gruppe von Architekturmustern so eng mit DDD zu verknüpfen, dass sie wie zwei Seiten einer Medaille erscheinen. Das ist meines Erachtens schlicht nicht der Fall. Ich glaube nicht, dass DDD eine Frage des Projektsetups ist oder sich darin entscheidet, ob vertikale Package-Strukturen oder Infrastruktur-Adapter oder gar (kein) JPA (Jakarta (früher: Java) Persistence API) verwendet wird. (Umgekehrt heißt das nicht, dass diese architekturellen Überlegungen falsch oder nur unwichtig wären, sie sind nur nicht die Punkte, um die es bei DDD primär geht.)

Andererseits glaube ich, dass es eine Seite von DDD gibt, die sich auf einem höheren Level von Konkretion abspielt, als es die meisten Einführungen erreichen: In der Implementierung tauchen immer wieder sehr ähnliche *ganz konkrete* Fragestellungen auf, die man mit einiger Erfahrung auf gemeinsame Nenner bringen kann. Um solche »gemeinsame Nenner« geht es hier und dies schlägt sich in der Struktur des Buches nieder.

1.4 Struktur

Der Text ist in Patterns unterteilt. Allerdings ist diese Art der Strukturierung mittlerweile stark abgenutzt und die Patterns sind keineswegs analog zu den bekannten Design-Patterns der *Gang of Four* [Gamma et al. 2015] zu verstehen. Sie sind insofern Patterns, als sie wiederkehrende und wiedererkennbare Situationen beschreiben, die analoge Probleme erzeugen und deren Analyse regelmäßig zu ähnlichen Ergebnissen führt. In der Praxis habe ich gute Erfahrungen damit gemacht, solchen Patterns eingängige Namen zu geben, die dann als eine Art Abkürzung für Eingeweihte fungieren – etwa wenn ein Entwickler bei der Behandlung einer konkreten Designfrage von einem »2x2=3«-Problem spricht und alle anderen nur noch wissend nicken. Solches Erfahrungswissen lässt sich abstrahieren und kann im Idealfall verhindern, dass alte Fehler zu oft gemacht werden.

Die Codebeispiele sind in Kotlin geschrieben. In Einzelfällen werden die bekannten JPA-Annotationen verwendet. Dies soll keinesfalls suggerieren, dass JPA oder auch nur objektorientierte Sprachen wesentlich für DDD sind. Es soll auch kein anämisches Domänenmodell nahelegen und soll auch keinen Widerspruch gegen »cleane« Architekturprinzipien signalisieren. Es ist nur so, dass sowohl objektorientierte Sprachen als auch JPA sehr häufig in Business-Kontexten verwendet werden und ihre explizite Struktur eine verständliche Darstellung erleichtert.

Schließlich ist das Buch in »Levels« unterteilt, vom Anfänger bis zum Experten. Die zugrunde liegenden Patterns sind nicht etwa unterschiedlich schwer zu verstehen, die Einordnung in die Levels ergibt sich vielmehr aus den zugrunde liegenden Prinzipien. Ein Pattern anzuwenden ist das eine – zu wissen *warum*, ist etwas anderes. Die Prinzipien hinter den Patterns werden dabei zunehmend komplexer – was natürlich nicht heißen soll, dass DDD-Einsteiger nach Kapitel 3 aufhören sollten zu lesen. Ganz im Gegenteil.

1.5 Ergänzende Lektüre

In den letzten Jahren sind viele sehr gute Bücher über *Domain-Driven Design* geschrieben worden, die das Thema aus ganz unterschiedlichen Blickwinkeln beleuchten. Neben Evans' »Blue Book« [Evans 2004] und dem »Red Book« von Vernon [Vernon 2013], das sich konkret mit der Implementierung von DDD befasst, sind viele weitere Bücher als ergänzende Lektüre sehr zu empfehlen, die Aspekte beleuchten, die im Folgenden weniger im Fokus stehen. Zu nennen sind hier insbesondere die DDD-Einführung von Vlad Khononov [Khononov 2022], das Buch von Stefan Hofer und Henning Schwentner zu *Domain Storytelling* [Hofer & Schwentner 2023] sowie *Domain-Driven Transformation* von Carola Lilienthal und Henning Schwentner [Lilienthal & Schwentner 2023]. Das Thema DDD ist in letzter Zeit stark in den Fokus gerückt und obwohl viele Fragen innerhalb der DDD-

Community noch kontrovers diskutiert werden, zeichnet sich in vielen Bereichen ein Konsens ab. Ohne die aktive Diskussion der komplexen Konzepte wären die enormen Fortschritte in den Techniken des Domain-Driven Design undenkbar.

Am Ende der Kapitel finden sich jeweils Hinweise auf weiterführende Literatur zu den vorgestellten Patterns, die als Referenz genutzt werden kann.

2 Supple Design

2.1 Evans' Prinzipien

Bevor wir tiefer in die Materie einsteigen, müssen wir einen Blick auf ein Kapitel in Evans' Buch werfen, das eine besonders deutliche Brücke zu den Patterns dieses Buches bildet. Evans behandelt Fragen der Implementierung insbesondere unter dem Begriff »Supple Design«, also *flexibles* Design. Er betont, dass es keine Formel für flexibles Design gibt, führt aber einige Patterns auf, die einen Eindruck davon vermitteln sollen, wie er sich ein solches flexibles Design vorstellt. Diese Patterns, die er als »complement to deep modelling« [Evans 2004, S. 244] begreift, sind die folgenden:

- Intention-Revealing Interfaces
- Assertions
- Side-Effect-Free Functions
- Conceptual Contours
- Standalone Classes
- Closure of Operations

Wir wollen nicht alle diese Patterns im Detail beleuchten, aber um ein Gefühl für sie zu gewinnen, werden wir uns zunächst drei von ihnen näher ansehen.

Intention-Revealing Interfaces

Das »Intention-Revealing Interfaces«-Pattern besteht darin, Klassen und Operationen so zu bezeichnen, dass ihr Name ihre Wirkung und ihren Zweck bereits verrät. Das entsprechende Antipattern, das es zu zweifelhaftem Ruhm gebracht hat, ist der Methodenname `doIt()`. Die Klassen- und Methodennamen sollten die *Intention* des Entwicklers explizit machen und nicht kaschieren.

Dieses Pattern gehört freilich zu den Best Practices der Softwareentwicklung. Evans selbst verweist darauf, dass Kent Beck ein ähnliches Prinzip vertreten habe. Auch Robert Martins »Bibel« des Clean Code enthält ein entsprechendes Antipattern namens »G 16: Obscured Intent« [Martin 2009, S. 295] (Beispiel im Original in Java). Er illustriert dieses Antipattern durch folgendes Beispiel:

Listing 2.1
Obscured Intent

```
fun m_otCalc() : Int {
    return iThsWkd * iThsRte +
      round(0.5 * iThsRte *
        max(0, iThsWkd - 400)
      ).toInt()
}
```

Diese Methode berechnet eine Überstundenzahlung, was aber ohne Martins explizite Erklärung nahezu unmöglich zu verstehen wäre. Die Intention des Entwicklers wird durch den Namen der Methode (hier insbesondere auch durch die ungarische Notation), aber auch durch die Implementierung sehr weitgehend verborgen.

*Im Folgenden werden eingeführte Begriffe, die im Domain-Driven Design eine besondere Bedeutung haben, **fett** gesetzt.*

Martins und Becks Beispiel zeigen, dass das Prinzip der Intention-Revealing Interfaces keineswegs ein exklusives DDD-Prinzip ist. Warum stellt Evans es dann so explizit vor?

Ein Teil der Antwort auf die Frage ist: weil das Prinzip im Kontext der **Ubiquitous Language** eine neue Bedeutung erlangt. Wir werden darauf später zurückkommen, doch zunächst gehen wir noch weiter auf das Supple Design ein.

Assertions

Ein weiteres Prinzip, das Evans vorstellt, ist die Verwendung von *Assertions*. Eine Assertion ist bekanntlich eine Konstatierung eines Sachverhaltes, der zu einem gegebenen Zeitpunkt gelten muss, im Programmcode. Primär dienen solche Assertions der programmatischen Garantie solcher Sachverhalte. Evans betont allerdings, dass sie zugleich als *Dokumentation* dieser Sachverhalte gedacht sind. Er erwähnt, dass einige Sprachen Assertions als Sprachkonstrukt beinhalten, konzentriert sich in seinem Beispiel allerdings hauptsächlich auf Unit Tests (in denen Assertions natürlich eine zentrale Rolle spielen).

Vaughn Vernon behandelt Assertions insbesondere im Kontext von Validierungen und geht dabei einen Schritt weiter. Im Kontext des *design-by-contract* werden Assertions, die nicht nur in Unit Tests, sondern im Programmcode selbst stehen, relevant, wie etwa folgendes – vereinfachtes – Beispiel Vernons [Vernon 2013, S. 209] zeigt:

```
public final class EmailAddress {

   public EmailAddress(String anAddress) {
      if (anAddress == null) {
         throw new IllegalArgumentException("Address " +
               "must not be null.");
      }
   }
}
```

Listing 2.2
Assertion im Kontext von Validierungen

Nun stellt sich auch hier unmittelbar die Frage, ob Validierungen nicht ein ganz allgemeines Prinzip der Softwareentwicklung sind und warum sie gerade im DDD-Kontext eine besondere Rolle spielen sollten. Erneut ist Teil der Antwort: weil die Vor- und Nachbedingungen, die Evans und Vernon sicherstellen wollen, sogenannte **fachliche Invarianten** sind, die im DDD-Kontext von besonderer Bedeutung sind – und auch hierauf werden wir zurückkommen.

Eine fachliche Invariante ist eine Regel oder ein Sachverhalt, der stets gelten muss.

Side-Effect-Free Functions

Ein drittes Prinzip, das Evans vorstellt, besteht darin, möglichst viel Logik des Programms in Funktionen zu verorten, die keine Seiteneffekte haben. Auch dieses Konzept wird den meisten Entwicklern als Best Practice der Softwareentwicklung an sich geläufig sein. Die Popularität der funktionalen Programmierung schuldet dem Konzept viel und »Uncle Bob« bezeichnet Seiteneffekte gar als *Lügen* [Martin 2009, S. 44]. Evans stellt Side-Effect-Free Functions in Kombination mit Intention-Revealing Interfaces und **Value Objects** – auf die wir zurückkommen werden – vor und betont die Komplexitätsreduktion und Testbarkeit. Spätestens hier wird die Frage sehr wichtig: Warum scheinen so viele der Konzepte, die Evans zur Illustration des Supple Design vorstellt, auf den ersten Blick nicht unbedingt mit DDD zu tun zu haben?

Ein Value Object repräsentiert einen Wert. Es ist unveränderlich und hat keine eigene Identität.

2.2 DDD und die Prinzipien der Softwareentwicklung

Conceptual Contours

Um die Frage aus dem vorhergehenden Abschnitt zu beantworten, werfen wir zuletzt einen Blick auf das wohl tiefste Pattern, das Evans vorstellt, das aber leider zugleich auch ein wenig vage bleibt: das »Conceptual Contours«-Pattern.

Das Beispiel, das Evans verwendet, um dieses Konzept vorzustellen, erfordert einiges Wissen über buchhalterische Fachlichkeit, daher betrachten wir ein vereinfachtes Beispiel, das sich an Evans anlehnt. Es handelt sich um das Objektgeflecht, das in Abbildung 2–1 dargestellt ist.

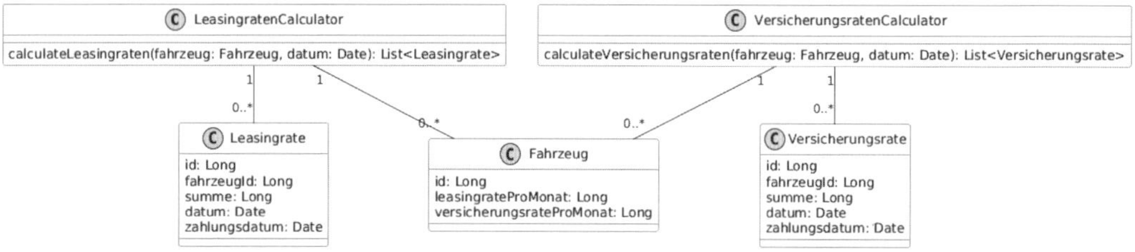

Abb. 2–1
UML-Diagramm der Raten-Kalkulation

In diesem Beispiel sind in einer bereits existierenden Anwendung, die mit der Verwaltung von Leasingfahrzeugen befasst ist, zwei Anforderungen implementiert worden, die einander sehr ähnlich sind. Einerseits werden dem Kunden für sein geleastes Fahrzeug Leasingraten in Rechnung gestellt, die von einem $LeasingratenCalculator$ berechnet werden. Andererseits muss der Kunde gegebenenfalls auch Versicherungsraten zahlen, die von einem $VersicherungsratenCalculator$ berechnet werden. In Evans' Beispiel wird nun die Logik eines Calculators so komplex, dass sie refaktoriert werden soll. Ein Gespräch zwischen Entwicklern und Fachseite führt zu einem tieferen Verständnis der Fachlichkeit und es entsteht ein nur leicht abgewandeltes Modell, das aber mehrere entscheidende Vorteile bietet (siehe Abbildung 2–2).

Im neuen Modell ist die Erkenntnis aufgehoben,

- dass eine Forderung und eine Zahlung zwei unterschiedliche Dinge sind. Das kann aus buchhalterischer Sicht bisweilen sehr wichtig sein, weil etwa für die Bilanzierung oft entscheidend ist, wann eine Forderung entstanden ist, und nicht, wann die entsprechende Zahlung tatsächlich geleistet wurde.

- dass es aus Sicht dieses Abrechnungssystems keinen Unterschied zwischen Leasingraten und Versicherungsraten gibt, weshalb beide als Forderungen abgebildet werden konnten.
- dass die verschiedenen Kalkulatoren eine verwandte Funktion erfüllen und sich nur in der konkreten Logik unterscheiden. Daher konnte ein Interface aus ihnen extrahiert werden.

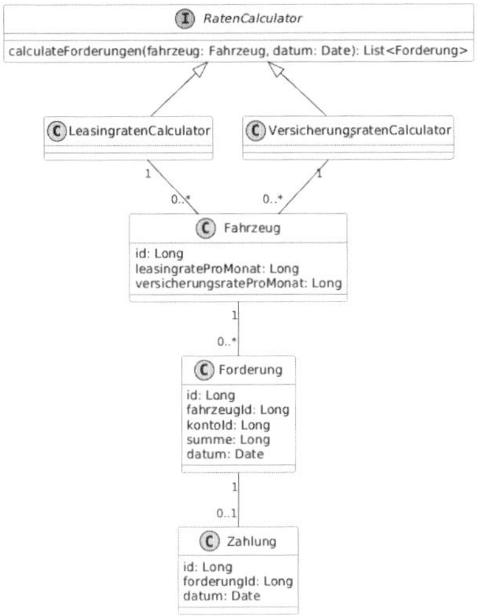

Abb. 2–2 *UML-Diagramm der verbesserten Raten-Kalkulation*

Evans' Beispiel ist ein wenig komplexer und ein wenig anders gelagert, läuft aber letztlich auf ein ähnliches Refactoring hinaus. Seine Pointe besteht nun darin, dass es sehr leicht dazu kommen kann, dass eine neue Anforderung gestellt wird: Alle verspäteten Zahlungen, *seien das Leasingraten oder Versicherungsraten*, sollen auf eine bestimmte Art und Weise behandelt werden. Diese Anforderung wäre selbstverständlich bereits vor dem Refactoring umsetzbar gewesen, hätte dort aber zumindest mehr Code erfordert. In der Praxis hätte es auch leicht dazu kommen können, dass die Anforderung zunächst nur für die Leasingraten und erst später für die Versicherungsraten gestellt worden wäre. Je nach Weitsicht von Facharchitekten und Entwicklern können solche Konstellationen zu dupliziertem Code und unnötigen Komplexitäten führen. *Nach* dem Refactoring müsste der Entwickler schon Zusatzarbeit leisten, um die Behandlung verspäteter Zahlungen *nur* für Leasingraten zu implementieren. Da das Feature auch für Versicherungsraten gewünscht ist, führt gewissermaßen ein glücklicher Zufall dazu, dass der Kunde ein zusätzliches Feature geschenkt bekommt.

Der »glückliche Zufall«

Solche »glücklichen Zufälle« sind eine faszinierende Eigenheit von besonders gut entworfenen Systemen. Fängt die Implementierung die reale Welt sehr akkurat ein, kann es dazu kommen, dass die Implementierung Fragen aufwirft, die der beste Facharchitekt vergessen hat zu stellen, oder gar, dass sich erwünschtes Verhalten des Systems »wie von selbst« ergibt. Diese Eigenschaft von Systemen ist es, die Evans' Begriff der »Konzeptuellen Konturen« einfangen will. Ein System, das nach den konzeptuellen Konturen der Business-Domäne designt ist, wird überraschend häufig zu solchen »glücklichen Zufällen« führen. Diese Einsicht Evans' in die Tragweite korrekter Modellierung ist von unschätzbarem Wert.

Leider bleibt Evans' Konzept der konzeptuellen Konturen zuletzt ein wenig vage. Das ist keine Schwäche des Konzepts – Evans' Grundlegung des Domain-Driven Design ist ohnehin von überragender Detailtiefe. Doch setzt gerade dort, wo Evans' Konzept endet, die Praxis ein.

Evans betont völlig zu Recht, dass sich flexibles Design nicht auf eine Formel bringen lässt. Doch folgen aus dem Ansatz des DDD *Prinzipien*, die Konsequenzen für die ganz konkrete Implementierungspraxis haben. Wir haben oben die Frage aufgeworfen, weshalb Evans fundamentale Best Practices der Softwareentwicklung in seinem DDD-Buch vorstellt. Die Antwort lautet: weil diese Patterns aus den Prinzipien des DDD *folgen*. Sie sind Best Practices, weil sie funktionieren, aber DDD gibt eine Antwort darauf, *warum* sie funktionieren.

Allerdings lassen, wie wir oben gesehen haben, die konkreten Hinweise zum Supple Design noch einigen Raum zur Ergänzung und insbesondere Evans' Intuition der *Conceptual Contours* erfordert eine Detaillierung. Das ist der Punkt, an dem sich die folgenden Patterns in die DDD-Welt einfügen. DDD beruht auf fundamentalen Prinzipien, die Konsequenzen für die Implementierungspraxis haben. Der »glückliche Zufall«, auf den Evans anspielt, lässt sich vielleicht nicht systematisch erzwingen, – aber er lässt sich wahrscheinlicher machen. Unser Ziel ist es, aus den Prinzipien des DDD Design-Patterns abzuleiten, die uns helfen, die konzeptuellen Konturen der Domäne klarer in Code zu gießen.

2.3 Ein Projektbeispiel

Wir werden uns im Folgenden regelmäßig mit konkreten Beispielen befassen, die mit wenigen Ausnahmen zu einer zusammenhängenden Domäne gehören. Wir beschäftigen uns weiterhin mit dem fiktiven Leasingunternehmen, das wir oben bereits kennengelernt hatten – nennen wir es *Caravaggio Leasing*. Das Unternehmen verwendet eine Software, die insbesondere folgende Subdomänen abdeckt:

Beispiele, die sich auf die Caravaggio Leasing beziehen, werden nachfolgend mit diesem Symbol markiert: 🚘

- *Bestellung von Fahrzeugen*: Die Caravaggio Leasing muss ihre Flotte in regelmäßigen Abständen erneuern. Dazu müssen Fahrzeuge bei einschlägigen Händlern bestellt werden. Anschließend muss ihre Auslieferung organisiert werden. Zuletzt erfordert der Einsatz des Fahrzeugs eine Kfz-Zulassung.
- *Einsatzplanung*: Die Fahrzeuge werden an verschiedenen Filialen der Caravaggio Leasing verwendet. Sie können dort kurzfristig gemietet oder mittel- bis langfristig geleast werden.
- *Rechnungsstellung*: Die Leasingraten (und ggf. weitere Kosten) müssen dem Kunden in Rechnung gestellt werden.

Dieses Beispiel wird sich durch das Buch ziehen und uns dabei helfen, ein besseres Verständnis davon zu gewinnen, was DDD ganz konkret für die Softwareentwicklung bedeutet. Zunächst allerdings müssen wir hierzu herausfinden, worum es bei DDD überhaupt geht.

3 Anfänger: Ontologie

3.1 Abbildung der Welt in Software

Die Frage, worum es bei DDD geht, ist nicht nur aus einer Perspektive zu beantworten. Wir werden daher auf den verschiedenen Levels unterschiedliche Antworten entwickeln, die dann in entsprechenden Design-Patterns resultieren. Dabei ist keine der Antworten richtiger als die andere, sie bezeichnen nur verschiedene Blickwinkel auf ein zugrunde liegendes Phänomen.

Software[1] bildet die Welt ab. Nicht die ganze Welt, versteht sich, vielmehr einen kleinen Teil der Welt, der für die Anwender relevant ist. Dieser »Teil« wiederum besteht aus meist sehr komplexen Abstraktionen, die in der Fachwelt des Anwenders vorgenommen wurden, um die realweltliche Komplexität in den Griff zu bekommen. Im Ergebnis haben wir also bereits *zwei* Abbildungen: A: mentale Abstraktion $\leftarrow$ Welt und B: Welt $\rightarrow$ Software.

Abb. 3–1
Zwei Abbildungen

Eine Antwort auf die Frage, worum es bei DDD geht, könnte daher lauten: dafür zu sorgen, dass die beiden Projektionen A und B möglichst ähnlich zu einander sind. Denn wenn die Abstraktionen der Domänenexperten zu weit von den Abstraktionen der Software abweichen, dann werden sie sich nicht mehr ineinander *übersetzen* lassen. Dies ist der Grund, warum Eric Evans in [Evans 2004] den Begriff der **Ubiquitous Language** so sehr in den Mittelpunkt stellt: Sprache ist ein wesentliches Element der Abbildungen A und B. In der Sprache der Domänenexperten und der Software wird sichtbar, welche

[1] Zumindest die Software, die uns hier hauptsächlich interessiert. Es gibt Software, die die Welt nicht abbildet – Servlet Container und Compiler etwa. In solchen Fällen verlieren einige der Prinzipien, die uns hier interessieren, an Wert. Die interessantesten Anwendungsfälle für DDD betreffen häufig Business-Software, da dort meist realweltliche Fachlichkeit von hoher Komplexität in Software gegossen werden muss.

Eine Entität (engl. Entity*) ist ein »Ding«, das es in Welt der Domänenexperten* gibt.

Entitäten und Relationen zwischen den Entitäten es in der zugrunde liegenden Welt(-sicht) gibt. Eine Ubiquitous Language, eine geteilte Sprache von Domänenexperten und Entwicklern/Software, soll sicherstellen, dass die verschiedenen Projektionen nicht zu fundamental voneinander abweichen können.

Diese Annäherung von Software und Fachwelt in der Sprache wird nicht nur dadurch erreicht, dass allen, die die Sprache sprechen, klar ist, wie man bestimmte Dinge und Beziehungen *nennt*. Vielmehr setzt ein solches Vokabular bereits voraus, dass sich die Sprachnutzer darüber einig sind, *welche Dinge es überhaupt gibt*. Das klingt zunächst beinahe trivial, aber erinnern wir uns daran, dass die Begriffe der Domänenexperten oft sehr abstrakte Dinge beschreiben. So kann ein Nutzerkreis damit befasst sein, Rechnungen auf Kostenstellen zu buchen. Bereits eine Rechnung ist eine hochgradig abstrakte Entität – konkret handelt es sich um ein Blatt Papier oder ein PDF, doch sind damit Zahlungsverpflichtungen, steuerrechtliche Verpflichtungen und weitere Entitäten wie »Rechnungspositionen« verbunden. Und eine Kostenstelle ist eine womöglich noch abstraktere Entität. Der Umstand, dass die Nutzer sich mit diesen befassen, legt nahe, dass es solche »Kostenstellen« *gibt*. In der Philosophie nennt man die Wissenschaft von »dem, was es gibt« *Ontologie*. Nun ist es für uns nicht wichtig, ob es aus einer philosophischen Perspektive Kostenstellen »wirklich« gibt. Was uns interessiert, ist, dass sie in der abstrakten Weltsicht der Anwender unserer Software existieren – und daher sollte es sie auch in der Software geben. Ein wesentlicher Bestandteil des Domain-Driven Design besteht darin, herauszufinden, welche Dinge es in der Welt der Domänenexperten gibt und welche nicht. Diese Ontologie der Domänenexperten wird die Basis für eine Ubiquitous Language sein. Es wird natürlich in der Software Dinge geben, die es für die Domänenexperten nicht gibt – Klassen, Objekte, Funktionen und dergleichen –, wie es auch umgekehrt für die Domänenexperten Dinge gibt, die sich nicht in der Software wiederfinden – der Morgenkaffee zum Beispiel. Doch soll es einen zentralen Ort geben, an dem sich die Welt der Domänenexperten und die Welt der Software überschneiden – und das ist das *Modell* unserer Anwendung. Die vorläufige Antwort auf die Frage, worum es bei DDD geht, lautet daher: herauszufinden, welche Dinge und Beziehungen es in der Welt der Domänenexperten gibt und wie sie heißen.

3.2 Pattern: 2x2=3

So viel zur abstrakten Theorie. Unser Ziel ist es aber, solche abstrakten Prinzipien konkret anwendbar zu machen. Wir entwickeln daher nun unser erstes Pattern und beginnen mit einer ersten, sehr einfachen Struktur, die uns jedoch sehr oft in der Modellierung begegnet.

Betrachten wir folgendes Codebeispiel aus dem Rechnungsstellungsmodul der Caravaggio Leasing:

Listing 3.1 Rechnung (vereinfacht)

```
data class Rechnung(
    ...
    val pdfErzeugt: Boolean,
    val pdfGedruckt: Boolean
)
```

Auf den ersten Blick erscheint die Modellierung klar, sparsam und prägnant. Die Domänenobjekte sind Rechnungen. Diese Rechnungen haben verschiedene Eigenschaften – selbstverständlich haben sie auch eine ID, ein Rechnungsdatum etc., die hier der Einfachheit halber weggelassen wurden. Insbesondere haben die Rechnungen aber die booleschen Eigenschaften, ob für die Rechnung ein PDF erzeugt und ob ein PDF bereits gedruckt wurde. Zu dieser Modellierung können wir auf verschiedenen Wegen gelangt sein. Möglicherweise haben wir in der Anforderungsanalyse erfahren, dass auf der UI (User Interface) für die Rechnungsbearbeitung »ein Haken angezeigt werden soll, ob das PDF schon erzeugt wurde«. Später kam dann die Anforderung, ein zweiter Haken müsse anzeigen, ob das PDF bereits gedruckt worden sei. In einem Worst-Case-Szenario haben die Domänenexperten selbst von »Flags« gesprochen, die eine Rechnung haben könne. Wie auch immer das Modell zustande gekommen ist – es ist höchstwahrscheinlich falsch. Das Problem an »Flags« ist, dass sich annähernd jeder Sachverhalt der Welt als Flag beschreiben lässt: Er trifft zu oder eben nicht. (Letztlich ist das natürlich sogar der Grund dafür, warum Entwickler überhaupt imstande sind, die Welt in Bits abzubilden.) Doch heißt das nicht, dass eine Modellierung, die jede mögliche Eigenschaft eines Objekts als Boolean abbildet, sinnvoll ist. Nun scheint für den vorliegenden Fall zunächst einmal kein Problem mit den Flags vorzuliegen: Schließlich handelt es sich tatsächlich um Eigenschaften der Rechnung, die von hoher Relevanz für den Nutzer sind, und die Eigenschaften sind auch »realweltlich« boolesche Zustände. Wo liegt also das Problem?

Kaffeepause 1

Es ist Zeit für eine erste Kaffeepause – und Kaffeepausen lassen sich stets gut zur Reflexion auf Designfragen nutzen. Betrachte das obige Rechnungsmodell: Was wäre ein alternatives Modell?

Die Antwort lautet: Es hat niemand die Frage gestellt, ob denn jede Konstellation der Flags überhaupt vorliegen könne. Hätte man die Frage gestellt, hätte man wohl einen verständnislosen Blick geerntet und erfahren, dass »man natürlich keine Rechnung drucken kann, die man noch nicht erzeugt hat«. Und dies ist der Grund für den Namen des »2x2=3«-Patterns: Die beiden booleschen Eigenschaften ergeben natürlich vier mögliche Kombinationen, doch in der Realität ist es schlicht nicht möglich, dass eine Rechnung zwar noch nicht gerendert, aber bereits gedruckt ist. Alle anderen Zustände konnten vorkommen (`false/false` meinte, dass die Rechnung bislang nur in Form strukturierter Daten erfasst war, aber noch nicht als PDF vorlag), nur dieser eine nicht. Dies legt nahe, dass die Modellierung zumindest suboptimal war. Man kann nun argumentieren, dass das doch nicht so schlimm sei, schließlich lässt sich die entsprechende Validierung schnell einbauen und jede Fehlersituation ist ausgeschlossen – aber das behandelt nur die Symptome und löst das eigentliche Problem nicht.

Zeichnet man den tatsächlichen Ablauf einmal auf (Abbildung 3–2), dann erkennt man schnell die eigentliche Struktur.

Abb. 3–2
2x2=3

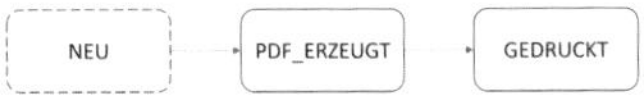

Nehmen wir darüber hinaus einmal an, als nächste Anforderung käme auf, dass die UI auch als Haken anzeigen solle, ob die Rechnung bereits *versandt* wurde. Eine Nachfrage ergäbe hier, dass man natürlich keine Rechnungen versenden könne, die man nicht zuvor gerendert und gedruckt habe. Das resultierende Bild sähe aus wie in Abbildung 3–3.

Abb. 3–3
Statusübergänge

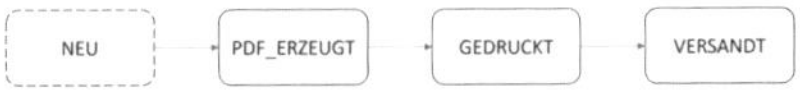

Hier wird ersichtlich, dass das, was wir eigentlich gerade modellieren, ein klassischer Zustandsautomat (*state machine*) ist. Freilich sind die Statusübergänge in diesem Fall sehr geradlinig – aber bereits diese Beobachtung kann uns zu der Frage verleiten, ob es einmal vorkommen kann, dass man solche Statusübergänge rückgängig machen muss. Man kann hier guten Mutes Wetten eingehen. Ist man aber einmal so weit, fällt eine angemessene Implementierung nicht mehr schwer:

Listing 3.2
Rechnung mit Status als Enum

```
data class Rechnung(
    ...
    val status: RechnungStatus
)

enum class RechnungStatus {
    NEU,
    PDF_ERZEUGT,
    GEDRUCKT,
    VERSANDT
}
```

Das wäre sicherlich eine angemessenere Modellierung. In einem nächsten Gespräch mit den Domänenexperten könnte nun geklärt werden, ob diese bereits von einem »Status«, »Zustand« oder Ähnlichem einer Rechnung sprechen, sodass gegebenenfalls das Wording angepasst werden kann. Es kann dabei vorkommen, dass den Domänenexperten selbst erst im Gespräch klar wird, dass sie, ohne es explizit getan zu haben, im Hinterkopf immer ein Statusmodell modelliert hatten, à la »wie weit die Rechnung gerade ist«. Ist das der Fall, kann die Domänenanalyse dabei helfen, implizite Annahmen und allgemein vorhandenes, aber nicht formuliertes Wissen explizit zu machen.

Fazit

Dieses erste Pattern mag noch sehr trivial erscheinen, doch die Praxis zeigt, dass die entsprechende Situation regelmäßig auftritt und dann sehr häufig zu Fehlern führt oder Feature-Erweiterungen erschwert. Was das Pattern zunächst vermitteln soll, ist, zu hinterfragen, ob alle Kombinationen von Eigenschaften tatsächlich auftreten können, oder ob hier verborgene Restriktionen vorliegen, die sich auf den ersten Blick als Detail darstellen, in Wirklichkeit aber auf Fehler im zugrunde liegenden Modell hinweisen. Dabei weist die Formel von »2x2=3« darauf hin, dass diese Situationen in sehr unterschiedlichen Varianten auftreten können – aber stets eine strukturelle Analogie aufzeigen. »2x2=3«-Situationen zu erkennen, ist reine Übungssache, und hat man das Pattern einmal verinnerlicht, reicht es oft, im Gespräch die plakative Formel zu verwenden, um den reichlich abstrakten Sachverhalt völlig klarzumachen. Denn auf den zweiten Blick handelt es sich nicht um einen bloßen Warnhinweis, sich keine booleschen Eigenschaften von der Fachseite diktieren zu lassen. Vielmehr ist dieses Pattern eine sehr einfache Verdeutlichung eines oft zu wenig beachteten Umstands: Domänenmodellierung findet ebenso sehr in den »Kleinigkeiten« und den »Implementierungsdetails« statt wie auf architektureller Ebene. Modellierungs-Know-how für Entwickler sieht anders aus als das Know-how der Facharchitekten – es liegt im Coding vergraben.

Zuletzt ist hier der rechte Ort für eine erste Warnung: Man kann versucht sein zu argumentieren, dass doch beide Versionen – Enum und Booleans – letztlich funktionieren und dass es doch im Grunde »egal sei, wie rum man das implementiert«. Das ist zunächst nicht richtig, weil das kompliziertere Design oft Fehler auslösen wird. Außerdem verpassen wir, wenn wir die boolesche Variante wählen, den wesentlichen Punkt von DDD: die abstrakte Fachwelt korrekt zu modellieren. Das scheint in diesem einfachen Beispiel noch keine großartigen Konsequenzen zu haben, aber wir werden später Beispiele sehen, in denen die Auswirkungen immens werden.

Zweimal zwei ist manchmal drei!

3.3 Antipattern: Reified Relation

Das zweite Pattern, das wir beleuchten wollen, ist tatsächlich ein Antipattern: Es kommt vor, dass Designmuster oder Implementierungsarten sich so sehr anbieten, dass sie uns geradezu an jeder Ecke begegnen – obwohl sie vielleicht inkorrekt oder zumindest nicht für jede Situation angemessen sind. Solche Antipatterns wiederzuerkennen, ist genau so wichtig, wie ihre positiven Gegenstücke zu kennen. Dies gilt insbesondere, da es Patterns gibt, die zunächst nicht in sich falsch sind, aber die Tendenz haben, zu unglücklichen Auswüchsen zu verkommen. Das ist auch der Fall bei dem *Reified Relation*-Antipattern.

(Um die Terminologie gleich vorweg zu erläutern: Unter einer »Reifizierung« versteht man die Auffassung von etwas als *Ding*, das eigentlich kein Ding ist.)

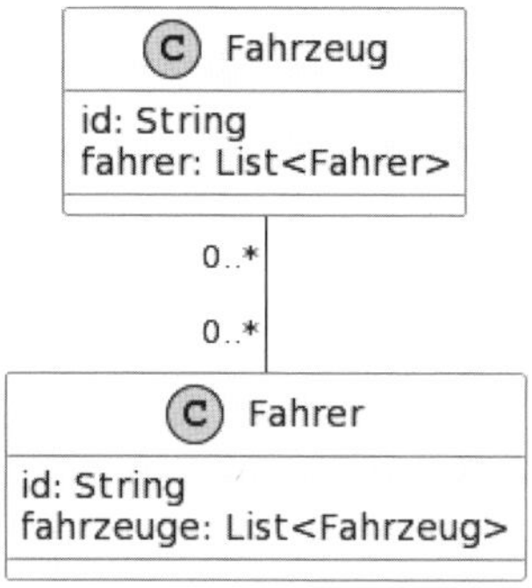

Abb. 3–4
UML-Diagramm der »Fahrzeug-Fahrer«-Relation

Beginnen wir zunächst mit dem simplen UML-Diagramm in Abbildung 3–4. Die Caravaggio Leasing verfügt über eine Flotte von Fahrzeugen, die kurzfristig angemietet werden können, und es gibt eine Menge von Fahrern, die diese Fahrzeuge gewöhnlich fahren. Fahrzeuge können prinzipiell mehreren Fahrern zugewiesen sein, zugleich kann es sein, dass ein Fahrer mehrere Fahrzeuge zur Auswahl hat. Bekanntlich spricht man hier von einer n:m-Zuordnung.

Nun ist es wichtig, sich an einen Umstand zu erinnern, der manchmal in Vergessenheit gerät: Es ist sehr häufig der Fall, dass Domänenmodelle in relationalen Datenbanken persistiert werden und daher mit entsprechenden Tabellen korrespondieren – das heißt aber *nicht*, dass das Datenbankmodell einfach dasselbe ist wie das Domänenmodell. Das ist zunächst trivialerweise richtig, da es für das Domänenmodell irrelevant ist, ob eine Eigenschaft in einer Oracle-NUMBER-Spalte oder einer Postgres-INTEGER-Spalte persistiert wird – dies betrachtet man gerne als ein »Implementierungsdetail«.[2] Während aber von solchen Details gerne abstrahiert wird, wird oft intuitiv angenommen, es müsse eine Art von 1:1-Beziehung von Entitäten zu *Tabellen* geben – was ja immerhin oft genug der Fall ist. Nun gibt es freilich eine große Menge von Gegenbeispielen zu dieser Annahme (angefangen mit JPAs Inheritence Strategies). Einer der häufigsten Fehler, die aufgrund dieser Annahme gemacht werden, ist aber der folgende:

---

[2] Allerdings kann es durchaus relevant für das Domänenmodell sein, wie viele Zeichen etwa eine VARCHAR-Spalte enthalten darf, oder ob es sich andererseits gar um eine LOB-Spalte handelt.

Listing 3.3 *Die »FahrzeugFahrer«-Klasse: Intersection Table als Entität*

```
@Entity
data class FahrzeugFahrer(
    @Id
    val fahrzeugFahrerId: Long,
    @JoinColumn
    val fahrzeugId: Long,
    @JoinColumn
    val fahrerId: Long,
)
```

Einer Klasse dieser Art wird annähernd jeder erfahrene Entwickler bereits begegnet sein – die meisten haben sie schon selbst geschrieben. Ihre Ursache liegt auf der Hand: Wir haben im obigen UML-Diagramm gesehen, dass die Kardinalität der Assoziation der Fahrer- und Fahrzeug-Entitäten n:m ist. Solche n:m-Beziehungen werden nun in relationalen Datenbanken für gewöhnlich durch sogenannte *Intersection Tables* abgebildet. Das sind Tabellen, deren Zeilen je zwei Primärschlüssel anderer Tabellen enthalten und je eine Assoziation der entsprechenden Entitäten beschreiben. Solche Tabellen müssen freilich keinen eigenen, separaten Primärschlüssel enthalten – ich möchte sogar unbedingt nahelegen, dass sie das auch nicht *sollten* –, aber sie *können*. In einem nächsten Schritt hat nun unser fiktiver Entwickler eine Klasse geschrieben, um die Intersection Table als Entität widerzuspiegeln. In der Konsequenz wurde die n:m-Relation von `Fahrzeug` zu `Fahrer` ersetzt durch eine 1:n-Relation von `Fahrzeug` zu `FahrzeugFahrer` und eine weitere n:1-Relation von `FahrzeugFahrer` zu `Fahrer`. Dies bildet das Datenbankschema akkurat ab und ist funktional einwandfrei, ja es mag sogar die *einfachste* Implementierung der geforderten Assoziation sein. Doch weicht hier bereits das Domänenmodell von dem fachlichen Modell ab: Denn es gibt im fachlichen Modell keine »FahrzeugFahrer«. Man kann dies allerdings noch als ein weiteres Implementierungsdetail bezeichnen – aber das hieße, zu unterschätzen, welche Macht das Modell entwickeln kann.

☕ Kaffeepause 2

Welche unerwünschten Folgen kann die obige Modellierung haben?

Was die Praxis nahezu ausnahmslos zeigt, ist, dass das daraus entstehende *De-facto*-Modell eine Tendenz hat, sich zu verselbstständigen, und das meist mit nahezu katastrophalen Konsequenzen. Konkret könnte etwa das Modell im Laufe der Zeit sich verändern wie folgt:

```
data class FahrzeugFahrer(
    ...,
    val date: Date,
    val fahrerName: String, // denormalized from Fahrer
    val fahrerRating: Rating,
    ...
)
```

Listing 3.4 *Evolution der »FahrzeugFahrer«-Klasse*

Hier kam wohl zunächst die Anforderung auf, es solle nachvollziehbar sein, *wann* das Fahrzeug dem Fahrer zugewiesen worden war. Es lag nahe, das als weitere Spalte der bereits bestehenden Tabelle hinzuzufügen. Die Anforderung, es solle ein `Rating` des Fahrers *je Zuordnung* gespeichert werden, wurde auf dieselbe Art gehandelt und zuletzt wurde aus Performance-Gründen der Name des Fahrers aus der Fahrer-Entität denormalisiert (redundant gespeichert). Die resultierende Entität ist einigermaßen mysteriös. In einem Worst-Case-Szenario könnte nun die FahrzeugFahrer-Entität in der UI selbst sichtbar und pflegbar gemacht worden sein, was dazu geführt hätte, dass die Anwender selbst sich an die Existenz von sogenannten `FahrzeugFahrer`n gewöhnt hätten – einer Art von Schattenentitäten, die immer dann entstanden, wenn Fahrer einem Fahrzeug zugeordnet wurden. Das mag unwahrscheinlich erscheinen, begegnet aber einem gerade in »historisch gewachsenen« Anwendungen nicht einmal selten. Das Modell der Anwendung wird über kurz oder lang auf die Vorstellungswelt der Anwender zurückwirken, in diesem Fall mit offenkundig absurden Folgen.

Hier sind allerdings schon sehr viele Dinge falsch gelaufen, doch kann man aus einer abstrakten Perspektive das Problem in folgenden Punkten zusammenfassen:

- Zunächst darf man das Datenbankmodell nicht mit dem Domänenmodell verwechseln! Wie viele Tabellen es gibt und welche Spalten, Datentypen etc. diese haben, ist aus Sicht des Domänenmodells völlig irrelevant. Selbst eine Datenhaltung, die ein komplexes Objektgeflecht als BLOB in einer einzelnen Datenbankzeile persistierte, könnte aus Sicht des Domänenmodells völlig korrekt sein – wenngleich aus Implementierungssicht wahrscheinlich suboptimal.
- Weiterhin darf man keinen *Kategorienfehler* machen: Entitäten sind *Dinge* – Relationen sind es nicht. Fahrer in unserem Beispiel waren Dinge (oder besser: Personen), Fahrzeuge auch, die Assoziation zwischen ihnen war eine *Relation* – und Relationen sind keine Entitäten. Der bloße Umstand, dass die Relation in einer separaten Tabelle persistiert wird, ist kein ausreichender Grund, ihr den Status einer Entität zu verleihen. Bereits ein separater Primärschlüssel kann sich hier als schädlich erweisen – denn das ermöglicht, zumindest prinzipiell, dass es »dieselbe« Relation *mehrmals* geben könnte, was sehr wahrscheinlich bereits unerwünschte Konsequenzen hätte.[3] Darüber hinaus führt aber die Modellierung der Relation als Entität – oder: die »Reifizierung« – dazu, dass die Relation *Eigenschaften* haben kann. Dinge haben Eigenschaften, Relationen nicht.

Natürlich lässt sich jede Relation wiederum als Ding betrachten, aber das steht auf einem anderen Blatt.

- Zuletzt darf man nicht unterschätzen, welche Macht das Modell der Anwendung entwickeln kann. Dass es gar auf die Gedankenwelt der Nutzer zurückwirkt, ist sicher ein Extremfall, doch allein die Abweichung von tatsächlichem Modell zu Implementierung, die in der Entität des `FahrzeugFahrers` lag, setzt den größten Vorteil eines soliden Domänenmodells aufs Spiel: die Anforderungen der Fachseite direkt in Code übersetzbar zu machen.

---

[3] Allerdings ließe sich das durch Unique Constraints vermeiden, aber das bedeutet nur, ein selbstgeschaffenes Problem mit weiteren komplexen Mitteln zu beheben.

Was wäre nun also eine bessere Implementierung gewesen? – Die Antwort darauf hat mehrere Ebenen: *Zunächst einmal* hätte man sogar auf Level eines ORM-Mappers (ORM – Object-Relational Mapping) die Relation geschickter modellieren (wie hier in JPA) und die unglückliche Zwischenentität eliminieren können. Das hätte vor allem auch die Kardinalität der Relation explizit gemacht:

Listing 3.5
Ein JPA-Trick

```
data class Fahrzeug(

    ...,
    @ManyToMany
    @JoinTable(name="REL_FAHRZEUG_FAHRER",
      joinColumns = @JoinColumn(name = "FAHRZEUG_ID"),
      inverseJoinColumns = @JoinColumn(name = "FAHRER_ID"))
    val fahrer: List<Fahrer>
    ...
)
```

Doch hier endet die Geschichte nicht! Denn bei der Implementierung weiterer Anforderungen hätte die Frage aufkommen müssen, welcher Use Case es erfordert, einer *Relation* von `Fahrzeug` und `Fahrer` eine »Bewertung« zuzuordnen. Solche Anforderungen fallen meist nicht vom Himmel, sondern kommen letztlich aus der Fachlichkeit. Sehr wahrscheinlich wäre im weiteren Gespräch der Begriff der `Fahrt` aufgekommen – und urplötzlich beginnt das Modell wieder Sinn zu ergeben.

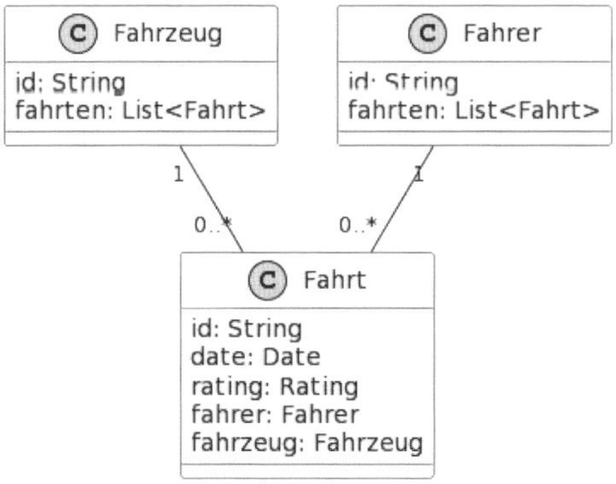

Abb. 3–5
UML-Diagramm der »Fahrzeug Fahrt-Fahrer«-Relation

Betrachtet man die Abbildung 3–5, erkennt man das Modell, das dem Use Case eigentlich zugrunde liegt: Ein `Fahrzeug` hat eine 1:n-

Beziehung zu `Fahrten`, diese eine n:1-Beziehung zu `Fahrern`, eine `Fahrt` hat ein Datum und eine Bewertung – und auf das denormalisierte Feld `fahrerName` kommen wir in Abschnitt 4.6 zurück.

Wie man sieht, hätte in diesem konkreten Fall wohl eine simple Umbenennung das Modell noch retten können – doch kann es leicht zu noch verwobeneren Situationen kommen, die keinen einfachen Ausweg mehr erlauben. Es ist daher wichtig, streng zwischen dem Modell und seiner Repräsentation in der Datenbank zu unterscheiden – und *vor allem* sollte sich die Modellierung an der Fachlichkeit orientieren, die nun mal keine Intersection Tables kennt.

> *Relationen sind keine Dinge!*
> *(Und: Das Datenbankschema ist nicht das Modell!)*

3.4 Antipattern: State-Event-Confusion

Ein sehr verwandtes Antipattern findet sich etwa in der folgenden – erneut gar nicht so seltenen – Klasse:

Listing 3.6 *Fahrzeug mit »validFrom« und »validTo«*

```
data class Fahrzeug(
    val id: String,
    val fin: String,
    val fahrer: Fahrer,
    val validFrom: Date,
    val validTo: Date?
)
```

Eine Datenbanktabelle, die diese Entität enthält, würde ungefähr so aussehen wie in Tabelle 3–1. Diesem Design können verschiedene Ideen zugrunde liegen, es ist aber meist ein Beispiel für ein Antipattern, das wir »State-Event-Confusion« nennen wollen.

☕ Kaffeepause 3

Welche Funktion haben die `validFrom`- und `validTo`-Felder?

ID	FIN	F_ID	VALID_FROM	VALID_TO
1	ABCDEF123ABCDEF10	17	2023-01-19	2023-01-20
2	ABCDEF123ABCDEF10	42	2023-01-20	(null)

Tab. 3–1
Beispieldaten – State-Event-Confusion

Zunächst könnte es sich um einen alternativen Weg handeln, den Sachverhalt abzubilden, der schon in Abschnitt 3.3 vorlag: Das Fahrzeug mit der FIN (Fahrzeugidentifikationsnummer) »ABCDEF123-ABCDEF10« ist im Laufe der Zeit verschiedenen Fahrern zugewiesen worden und die Historie dieser Zuordnungen soll nachgehalten werden. Wir haben oben bereits ein zutreffenderes Design für diese Anforderung gesehen, nämlich eine explizite Modellierung der Entität `Fahrt` (wie in Abbildung 3–5).

Es handelt sich dabei nicht um eine gültige FIN.

Das Modell, das hier gewählt wurde, hat aus DDD-Perspektive eine klare Schwäche: Unser Modell soll die »Welt« abbilden – und Fahrzeuge haben nun einmal keine `validFrom`-Eigenschaft. Die *Zuordnung* von Fahrzeug zu Fahrer kann möglicherweise eine solche Eigenschaft haben, aber das ist nicht das, was die Klasse `Fahrzeug` modelliert. Es hilft auch nicht, diese »Unsauberkeit« als reines Implementierungsdetail zu betrachten, was klar wird, wenn man der Entität weitere Felder hinzufügt:

Listing 3.7
Fahrzeug mit zusätzlicher »farbe«

```
data class Fahrzeug(
    ...
    val fahrer: Fahrer,
    val farbe: Farbe,
    ...
    val validFrom: Date,
    val validTo: Date?
)
```

Das Modell erlaubt hier prinzipiell, auch andere Änderungen als nur die Fahrer-Zuordnung durch neue Einträge in der Tabelle nachzuhalten. Dies zeigt eine zweite mögliche Designidee hinter der Klasse: *alle* Änderungen von Eigenschaften des Fahrzeugs später nachvollziehbar zu machen. Derartige Anforderungen (an »Historisierung der Daten«) sind häufig durch solche »technischen« Felder gelöst worden – oft mit unerwünschten Folgen.

In allen Interpretationen liegt ein kategorischer Fehler in der Modellierung vor, der schon daraus ersichtlich wird, dass Fahrzeuge schlicht keine »Gültigkeit« haben. Der Autor obiger Klassen wird auf diesen Einwand regelmäßig antworten, das Fahrzeug habe sie natürlich nicht, *der Tabelleneintrag aber sehr wohl*. Nun ist es aber auf einer ersten Ebene bereits, wie wir gesehen haben, ein wichtiger Grundsatz, das Modell an der Realität und nicht an der Implementierung zu orientieren. Auch ließe sich fragen, ob die »Gültigkeit des Tabelleneintrages« sich nicht eher auf nachträgliche Korrekturen fehlerhafter Daten oder dergleichen beziehen müsste.

Auf einer zweiten Ebene liegt hier aber eine Verwechslung von *Zustand* und *Ereignis* vor. Im obigen Modell führt ein Ereignis (etwa eine Änderung des Fahrers) zu einem neuen Eintrag in der Fahrzeug-Tabelle, d.h. zu einem *neuen Fahrzeug*. Natürlich entstehen dabei aber nicht wirklich neue Fahrzeuge, vielmehr ändert sich nur der Zustand des bestehenden Fahrzeugs. Was *neu* entstanden ist, ist ein Ereignis (die Änderung des Fahrers). Das obige Modell weist einmal mehr einen »ontologischen« Kategorienfehler auf: Es modelliert verkappte Ereignisse als Zustände. Gehen wir einmal von der Prämisse aus, dass dieser Kategorienfehler vermieden werden sollte, die historischen Änderungen des Fahrzeugzustandes aber dennoch erhalten bleiben sollten, bieten sich zwei Modelle an, die beide gewisse Vorteile für sich haben.

Abb. 3–6
UML-Diagramm der »Fahrzeug-Memento«-Relation

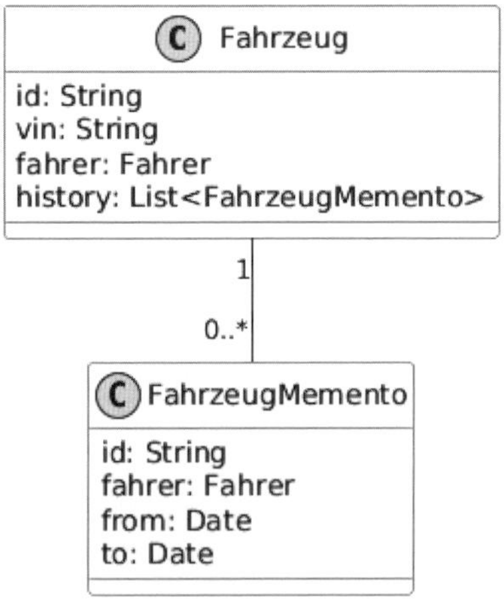

Das erste Modell, das in Abbildung 3–6 dargestellt ist, umgeht die State-Event-Confusion dadurch, dass es nur noch eine Klasse `Fahrzeug` kennt, die den aktuellen Zustand des Fahrzeugs anzeigt, und eine halbwegs künstliche Klasse `FahrzeugMemento` hinzufügt, die dessen Änderungshistorie darstellt. Dieses Pattern wird klassisch als

»Memento«- oder »Snapshot«-Pattern bezeichnet (vgl. [Gamma et al. 2015, S. 394 ff.]). Es ist funktional einwandfrei und modelliert die Anforderung zumindest sehr schlicht. Es hat jedoch den klaren Nachteil, dass ein »FahrzeugMemento« nun mal keine realweltliche Entität ist und seine Aufnahme in eine Ubiquitous Language zumindest einige Aufklärungsarbeit erfordert.

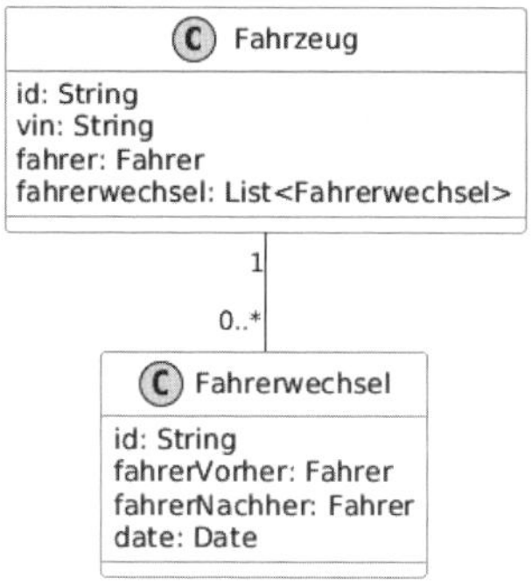

Abb. 3–7
UML-Diagramm einer »Delta«-Modellierung

Eine zweite Möglichkeit, die in der Implementierung komplexer, aber in der Modellierung ungleich überlegen ist, besteht darin, die State-Event-Unterscheidung explizit zu modellieren. Dies kann etwa so aussehen wie in Abbildung 3–7. Die Entität `Fahrerwechsel` zeichnet sich dadurch aus, dass sie ein realweltliches Ereignis modelliert, und das Modell erhält die Unterscheidung von Zustand und Ereignis aufrecht: Ein Fahrzeug ist eine Entität in einem bestimmten Zustand, ein Fahrerwechsel ist ein Ereignis, das sich zu einem bestimmten Zeitpunkt ereignet hat. (In der Praxis hat dieses Modell allerdings den Nachteil, dass die »Dauer« einer Fahrerzuordnung (ein wenig) schwerer zu ermitteln ist, weil sie sich nur als Delta von Fahrerwechseln ergibt.)

Nun mag das obige Modell ein wenig gekünstelt wirken, es kann aber sehr interessante modellierungstaktische Vorteile mit sich bringen. So kann etwa die Anforderung aufkommen, den Ort der Übergabe des Fahrzeugs zu protokollieren. Dieses Feld als Eigenschaft der Entität `Fahrerwechsel` aufzunehmen, ist nicht nur trivial in der Implementierung – es ist auch semantisch völlig korrekt, denn dieser Wechsel hat sich tatsächlich an einem Ort ereignet. Möchte man diese Information in einem der anderen Modelle unterbringen, können äußerst krude Konstruktionen entstehen. Fügt man etwa eine $LOCATION$-Spalte in Tabelle 3–1 hinzu, ist kaum mehr ersichtlich, was die Tabelle eigentlich persistieren soll. Auch die entstehenden Redundanzen können hier ein Hinweis auf suboptimale Modellierung sein.

Event Sourcing

Eine weitere interessante Beobachtung in diesem Kontext ist, dass einer der meistbeachteten Trends der letzten Zeit ebenfalls daraus resultiert, die in diesem Abschnitt wichtige Unterscheidung explizit zu machen. In Architekturen, die auf **Event Sourcing** basieren, werden primär »Events«, d.h. Änderungen, persistiert und alle daraus abgeleiteten Zustandsinformationen werden durch Logik aus diesen gewonnen. Solche Architekturmodelle tendieren dazu, sehr komplex zu werden, haben aber den enormen Vorteil, dass sie Abläufe *rekonstruierbar* machen. Das Modell aus Abbildung 3–7 könnte etwa um den Code aus Listing 3.8 ergänzt werden, um den aktuellen Zustand aus den vorangegangenen Ereignissen zu errechnen – oder zu »hydrieren«, wie man im Event Sourcing sagt. Man kann sich den Zustand einer Entität wie eine Projektion eines zeitlichen Ablaufs auf einen einzelnen Punkt vorstellen – und diese Projektion führt zum Verlust von Informationen. Die Idee, die ursprüngliche Historie von Ereignissen zur primären Datenquelle zu erklären, löst daher einige Probleme auf elegante Art und Weise, da das vermieden wird, was wir hier die »State-Event-Confusion« genannt haben. Freilich gilt hier – wie überall – die Kardinalregel, dass das Design einer Anwendung ihrem Use Case *angemessen* sein muss. Eine Event-Sourcing-Lösung – wie auch in geringerem Ausmaß eine Delta-Modellierung wie in Abbildung 3–7 – führt eine enorme Komplexität ein, die nicht in jedem Fall notwendig ist und oft einen Fall von Over-Engineering darstellen wird.

Listing 3.8 *»Hydrierung« von Zustand aus Events*

```
data class Fahrzeug(
   var fahrer: Fahrer
   val fahrerwechsel: List<Fahrerwechsel>
) {
   init {
     fahrerwechsel.sortedBy { it.date }
       .forEach { this.fahrer = it.fahrerNachher}
   }
}
```

Exkurs: Zeitreihen mit Micrometer

Eine weitere Instanz des »State-Event-Confusion«-Antipatterns ist in letzter Zeit so häufig geworden, dass es sich lohnt, sie hier in einem Exkurs zu erwähnen. Viele Monitoring-Lösungen verwenden *Zeitreihen*-Datenbanken, wie etwa Prometheus.[4] Die Konzepte solcher Datenbanken variieren leicht, aber was sie gemein haben, ist, dass sie *Ereignisse* persistieren. Im JVM-Kontext (JVM – Java Virtual Machine) hat sich derzeit Micrometer[5] als Facade zur Erfassung solcher Ereignisse etabliert und ermöglicht sehr komfortabel die Erfassung von Business-Metriken neben den gängigen technischen Monitoring-Werten. Nun ist es allerdings sehr einfach, in der Erfassung solcher Metriken Fehler zu machen, die ebenfalls der State-Event-Confusion entspringen. Betrachten wir etwa folgendes Beispiel:

Listing 3.9 Metriken – State-Event-Confusion

```
@Component
class FahrzeugMetrics(
  private val fahrerwechselRepository:
      FahrerwechselRepository
) {

    private val fahrerMetric = Metrics.gauge("fahrer")

    @Scheduled(cron = "* */10 * * * *")
    fun updateMetrics() {
      gauge.set(fahrerwechselRepository.count())
    }
}
```

Hier wurde versucht, in einer Metrik zu erfassen, wie viele Fahrerwechsel über die Zeit erfolgen. Das ist eine völlig valide Frage und die obige Implementierung kann gewisse Fragen sogar beantworten und daher auf den ersten Blick richtig erscheinen. Sie ist aber aus einer prinzipiellen Sicht nicht optimal – denn sie nimmt eine ähnliche Projektion von Ereignis auf Zustand vor, wie wir sie bereits gesehen hatten. Die Metrik, die aus dem Micrometer-Arsenal gewählt wurde, ist hier ein sogenanntes »Gauge«. Solche Gauges halten einen Wert, der angepasst werden kann, was durch die obige `Scheduled`-Methode

[4] *https://prometheus.io/*

[5] *https://micrometer.io/*

geschieht. Der jeweils aktuelle Wert wird dann meist periodisch an ein Monitoring-Backend übertragen und dort dann ausgewertet. Das Problem ist hier, dass Gauges eben nur den jeweils aktuellen *Zustand* vorhalten. Das führt dazu, dass zwar die gewünschte Auswertung – wie entwickelt sich die Anzahl der Fahrerwechsel über die Zeit? – im Groben vorgenommen werden kann, aber eben *nur diese*. Kommen nun weitere Fragen auf, etwa danach, wie sich die *Anzahl der Fahrerwechsel pro Stunde* über den Tag entwickelt, werden diese Auswertungen sehr schwierig, und soweit sie die Zeiträume *zwischen* den periodischen Abfragen betreffen, schlicht unmöglich. Die prinzipielle Ursache liegt darin, dass die obige Gauge-Metrik nicht das tatsächliche Auftreten der Fahrerwechsel-Events zum jeweiligen Zeitpunkt erfasst, sondern periodisch einen daraus resultierenden Zustand misst. Das führt zu Informationsverlust, der sich nachträglich nicht mehr beheben lässt. Eine bessere – und sogar einfachere – Implementierung wäre daher die folgende, die statt des Gauges einen Counter verwendet:

Natürlich gibt es auch sinnvolle Einsatzzwecke für Gauges, etwa die aktuelle Heap-Auslastung oder ähnliche Zustände.

Listing 3.10
Metriken – verbessert

```
@Component
class FahrzeugMetrics {

    private val fahrerMetric = Metrics.counter("fahrer")

     // call this whenever a fahrerwechsel occurs
    fun onFahrerwechsel() {
      counter.increment()
    }
}
```

Da solche Counter die tatsächlichen Ereignisse erfassen und diese dann auch an das Monitoring-Backend übermittelt werden, können im Nachgang alle Auswertungen erstellt werden, die auf Grundlage dieser Zeitreihe vorstellbar sind – und nicht nur die bereits vordefinierten.

Verwechsle niemals Ereignisse und Zustand!

3.5 Antipattern: Typed Entity

Auch das nächste (Anti-)Pattern ist weit verbreitet und verweist auf grundlegende Modellierungsprobleme, für die es zwar mehrere gute, aber noch mehr schlechte Lösungen gibt. Betrachten wir folgendes Codebeispiel:

Listing 3.11
Eine »Typed Entity«

```
enum class FahrzeugTyp {
    AUTO,
    FAHRRAD
}

data class Fahrzeug(
    val id: Long,
    val kilometerstand: Double,
    val typ: FahrzeugTyp = AUTO,
    /**
     * not applicable for fahrrad!
     */
    val kraftstoffTyp : KraftstoffTyp? = null,
    /**
     * not applicable for auto!
     */
    val hasFahrradpumpe: Boolean? = null,
)
```

Die Caravaggio Leasing hat neben ihrem regulären Leasing-Geschäft auch einen Bestand an Leihfahrrädern und man hat beschlossen, diese ebenfalls im System zu verwalten. Was hier modelliert wurde, ist ein Beispiel für das, was wir »Typed Entity« nennen wollen: eine Entität, die es in verschiedenen »Ausprägungen« gibt. Solche Entitäten begegnen uns sehr häufig in Anforderungen und gehören zu den größten Versuchungen, fehlerhaft zu modellieren. Im obigen Beispiel wurden Autos und Fahrräder als zwei »Typen« der Entität `Fahrzeug` modelliert. Zur Schwierigkeit wurde dabei prompt, dass einerseits Autos Eigenschaften haben, die Fahrräder nicht haben (einen `KraftstoffTyp` etwa). Und umgekehrt lässt sich zwar beantworten, ob Autos eine Fahrradpumpe haben – haben sie nicht –, aber die Frage macht wenig Sinn. Tatsächlich wäre die Implementierungsentscheidung, `hasFahrradpumpe` für Autos auf `false` zu setzen, so ungeschickt, dass im obigen Beispiel die Eigenschaft lieber als nullable deklariert wurde. Dass nun aber die Entität `Fahrzeug` zwei Felder hat, die abhängig vom Typ `null` oder nicht `null` sein *müssen*, macht die Validierung bereits schwierig. Das legt die Vermutung nahe, dass das Modell zumindest nicht optimal ist. Ebenso stellt sich die Frage, ob das `typ`-Feld *Änderungen* zulässt – und was solche Änderungen für die anderen Eigenschaften bedeuten würden. Des Weiteren besteht die Gefahr, dass die Anzahl solcher nullable-Eigenschaften oder gar die Anzahl der Typen wachsen könnte, was die Komplexität schnell explodieren lassen kann.

Abb. 3–8
UML-Diagramm der »Fahrzeug«-Vererbungshierarchie

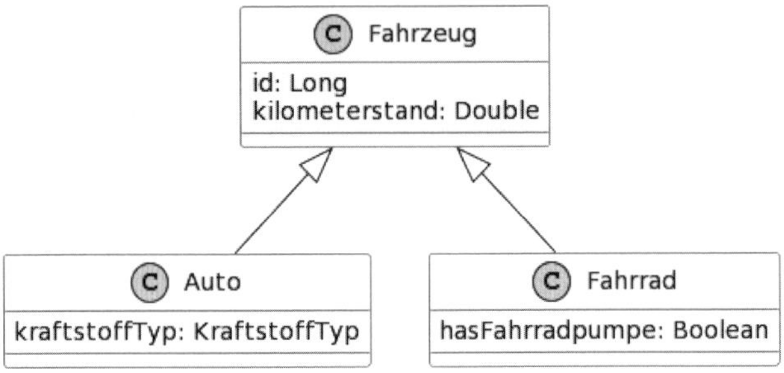

Nun ist dieses Modell ziemlich offensichtlich ungeschickt gewählt – was nicht heißt, dass man es nicht regelmäßig in Bestandsanwendungen vorfindet. Eine effizientere Methode, denselben Sachverhalt auszudrücken, besteht darin, eine *Vererbungshierarchie* wie in Abbildung 3–8 einzuführen. Es ist bemerkenswert, dass diese Remodellierung auf Datenbankebene sogar in derselben Struktur resultieren kann – etwa wenn JPAs `@DiscriminatorColumn` verwendet wird, wie in Listing 3.12.

Listing 3.12
JPA Inheritance

```
@Entity
@Inheritance(strategy = InheritanceType.SINGLE_TABLE)
@DiscriminatorColumn(name="FAHRZEUG_TYP")
abstract class Fahrzeug(
    @Id
    val id: Long,
    @Column
    val kilometerstand: Double
)

@Entity
@DiscriminatorValue("AUTO")
data class Auto(
    @Column
    @Enumerated
    val kraftstoffTyp : KraftstoffTyp,
    ...
) : Fahrzeug(...)

@Entity
@DiscriminatorValue("FAHRRAD")
data class Fahrrad(
    @Column
    val hasFahrradpumpe: Boolean,
    ...
) : Fahrzeug(...)
```

Dies resultiert in einer einzelnen Tabelle, die sehr wahrscheinlich sogar exakt dieselben Daten enthalten wird wie im ersten Beispiel. Doch aus Sicht des Modells sind Datenbankstrukturen Schall und Rauch – und im Modell lassen sich die obigen Fragen nun ganz von selbst beantworten: Man kann den Typ nicht ändern, da er kein Feld ist, die `hasFahrradpumpe`-Eigenschaft ist für Autos nicht `false`, sondern sie existiert nicht einmal, und auch die `null`-Validierung der verschiedenen Entitäten wird mindestens konzeptionell vereinfacht. Abhängig von Sprache und verwendetem Framework ist sie sogar oft trivial, wie oben zu sehen ist, wo die `kraftstoffTyp`-Eigenschaft nicht einmal nullable ist, obwohl die entsprechende Datenbankspalte für alle Fahrräder natürlich `null`-Werte enthalten wird.

Bis hierher lautet daher ein vorläufiges Fazit, dass »Typen« von Entitäten nicht durch enumerierte Felder ausgedrückt werden sollten und dass Vererbungshierarchien zumindest *eine* Methode darstellen, solche Felder zu umgehen. Diesen Abstraktionsschritt machen viele Entwickler nahezu automatisch.

»Composition over Inheritance«

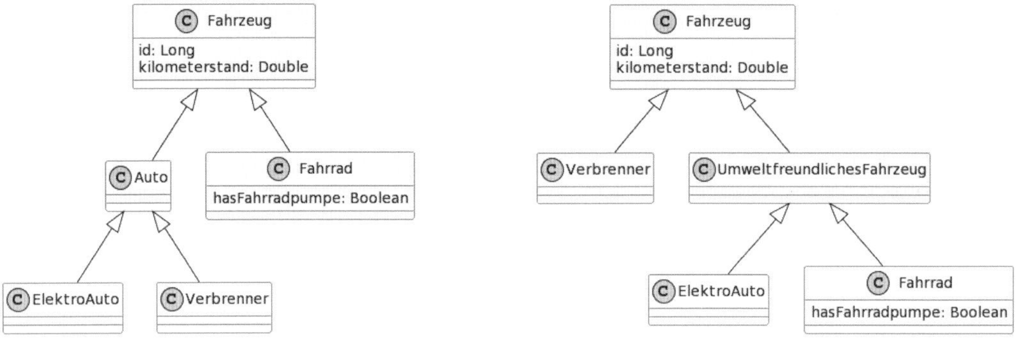

Abb. 3–9 *UML-Diagramm einer alternativen »Fahrzeug«-Vererbungshierarchie*

Ein weiterer Schritt, den Entwickler nach Jahrzehnten der Sammlung von Best Practices in der objektorientierten Programmierung ebenfalls nahezu automatisch machen, besteht in dem Reflex, ein Modell wie das obige in Abbildung 3–8 mit Verweis auf die »Composition over Inheritance«(CoI)-Regel zu kritisieren. Der Gedanke dahinter ist zunächst einmal völlig korrekt und verweist auch aus einer DDD-Perspektive auf ein wesentliches Problem des obigen Modells: Die realweltliche Vererbungshierarchie von Fahrzeugen ist keineswegs eindeutig. Es könnte leicht eine Situation entstehen, in der noch die Unterscheidung von Elektroautos und Autos mit Verbrennungsmotoren in das Modell aufgenommen werden soll, zugleich aber eine parallele Hierarchie von umweltfreundlichen und umweltschädlichen Fahrzeugen abgebildet werden soll wie in Abbildung 3–9. Hier tauchen nun die Elektroautos an völlig unterschiedlichen Stellen des Diagramms auf. In der objektorientierten Tradition wurde dies als Beispiel für die Probleme von Mehrfachvererbung (»Diamond-Problem«) begriffen, weshalb diese in den meisten modernen Sprachen nicht mehr möglich ist. Doch erzeugen konkurrierende Vererbungshierarchien weiterhin konzeptuelle Schwierigkeiten.

Die CoI-Regel soll diese umgehen, indem die Vererbung durch »Komposition« ersetzt wird, wie etwa in Abbildung 3–10. Dies löst einige technische Probleme. Allerdings hat dieses Modell auch viele Informationen über die Fachwelt der Anwender verloren. Vererbungshierarchien, die nicht nur technische Funktionen erfüllen, können Systematisierungen in der Sprache der Domänenexperten in Code überführen und die Eliminierung solcher Abstraktionen ist ein Trade-off, der in Betracht gezogen werden muss. Weder ist Vererbung *an sich* schlecht und sollte durch Komposition ersetzt werden, noch ist das Gegenteil der Fall. Auch kann nicht a priori eine Entscheidung für eine der obigen Vererbungshierarchien getroffen werden – dies hängt völlig von der jeweiligen Anwendung ab. Besteht der zentrale Use Case der Anwendung darin, einen Überblick über die CO_2-Bilanz des Unternehmens zu geben, kann auch das Modell aus Abbildung 3–9, so absurd es zunächst erscheinen mag, das richtige sein.

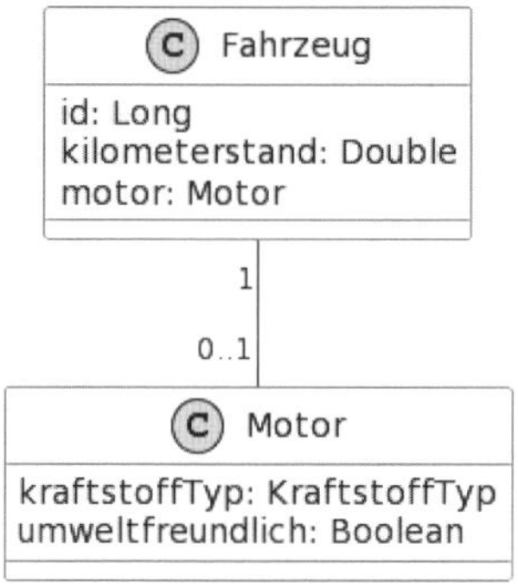

Abb. 3–10
UML-Diagramm nach Anwendung der CoI-Regel

Schädliche Abstraktionen

Allerdings haben wir möglicherweise einen Abstraktionsschritt zu schnell vollzogen. Jahrzehnte der objektorientierten Programmierung haben Abstraktionen wie die Einführung der `Fahrzeug`-Klasse zu einem Automatismus werden lassen. Auch von Fachseite können solche Abstraktionen oft eingebracht werden. Doch muss man bisweilen dabei der Versuchung widerstehen, zu schnell Ähnlichkeiten zu sehen. Es lässt sich mit gewissem Recht fragen, ob ein Fahrrad und ein Auto wirklich genug gemein haben, um die Einführung einer Basisklasse zu rechtfertigen. Zwar mag unsere Anwendung eine »Fahrzeugverwaltung« sein, doch heißt das nicht, dass jede einzelne verwaltete Entität von einer gemeinsamen Basisklasse abgeleitet werden muss. Auch mag ein Fahrrad in funktionaler Sicht gewisse Ähnlichkeiten mit einem Auto aufweisen, doch muss man hier auch sehen, dass nahezu alle Paare von Dingen auf der Welt einander *in irgendeiner Hinsicht* ähnlich sind. Das heißt umgekehrt nicht, dass die Entscheidung falsch gewesen sein muss, die Klasse `Fahrzeug` einzuführen. Wichtig ist, sich vor *schädlichen* Abstraktionen zu hüten – denn möglicherweise wäre das Modell in Abbildung 3–11 völlig ausreichend gewesen.

Abb. 3–11
UML-Diagramm nach Vereinfachung

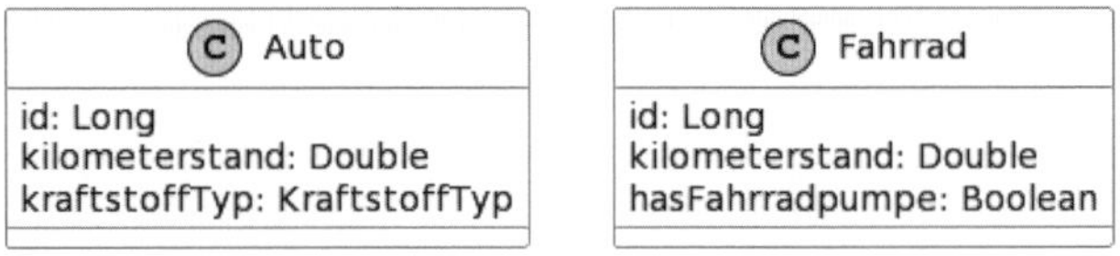

Typisierte Entitäten neigen zur Explosion!

3.6 Antipattern: Generic Field

Das letzte Antipattern dieses Kapitels ist in seiner Reinform sehr exzentrisch und mag daher stark übertrieben wirken. Doch kann man auch folgender Klasse in freier Wildbahn begegnen:

Listing 3.13
Generische Felder

```
data class Fahrzeug(
    ...
    val id: Long,
    val hersteller: Hersteller,
    val attribute1: String?,
    val attribute2: String?,
    ...
).
```

☕ Kaffeepause 4

Welche Schwächen hat das obige Modell?

Merkwürdig an dem obigen Modell sind die Felder `attribute1` und `attribute2`. Es ist nicht unmittelbar klar, welche Funktion diese Felder haben oder welche Daten sie enthalten. Sie könnten etwa auf die gewitzte Idee zurückzuführen sein, später Entwicklungskosten zu sparen, indem man »generische Felder« einführt, die dann für beliebige Zwecke verwendet werden können. Solchen Konstruktionen begegnete man manchmal in IT-Systemen, die sehr langen Releasezyklen oder sehr komplizierten Change-Prozessen unterworfen waren. Glücklicherweise sind sie heute seltener geworden.

»Generisch« heißt also ein Feld, das nicht für einen bestimmten Zweck vorgesehen ist und dementsprechend keine strukturierten Daten enthält, sondern gewissermaßen »vielseitig einsetzbar« ist. Solche Felder sind häufig vom Typ `String`, müssen es aber nicht sein. (Byte-Arrays in BLOB-Spalten etwa sind noch universaler einsatzfähig.)

Es lohnt sich nun, die Schwierigkeiten näher zu analysieren, die sich im Zusammenhang mit solchen Feldern ergeben, da sich hier eine Chance auftut, unser Verständnis von DDD zu vertiefen. Betrachten wir daher einmal die Daten, die die Mitarbeiter der Caravaggio Leasing in generische Felder eingepflegt haben (Tabelle 3–2).

Tab. 3–2
Beispieldaten – generische Felder

ID	ATTRIBUTE1	ATTRIBUTE2
1	»Ausführung in rot«	(null)
2	»Linkslenker«	»Kontakt: Hr. Kalbfleisch (8675309)«

Hier wird schnell klar, warum die generischen Felder `attribute1` und `attribute2` Probleme aufwerfen: Da im Voraus nicht feststeht, welche Daten diese Felder enthalten werden, kann kein IT-System sinnvolle Dinge damit tun. Insbesondere betrifft das folgende Punkte:

- *Validierung*: Da die Daten keine definierte Struktur haben, kann nicht validiert werden, ob die Eingaben korrekt, wohlgeformt o.Ä. sind. Das ist für bloße Notizen nicht weiter schlimm, wird aber zum Problem, wenn die Felder für wichtige Prozesse herangezogen werden. Beginnt man etwa, dort regelmäßig (aber eben nicht ausschließlich) IBAN-Daten zu hinterlegen, wäre eine Validierung wünschenswert, aber systematisch unmöglich.
- *Spätere Migration*: Aus demselben Grund kann es sich schwierig bis unmöglich gestalten, die Daten später in definierte Strukturen zu überführen. Das Parsen von Freitextfeldern (etwa via RegEx) ist eine der aufwendigsten und fehleranfälligsten Tätigkeiten in der Softwareentwicklung.
- *Datenschutz*: Insbesondere in den letzten Jahren sind solche Felder häufig in Verdacht geraten, zu Konflikten mit Datenschutzrichtlinien zu führen, da schlicht nicht sichergestellt werden kann, dass Nutzer dort keine personenbezogenen Daten persistiert haben, die Gegenstand von rechtlichen Restriktionen sein könnten.

Das obige Beispiel ist sicherlich eine sehr extreme Form solcher generischen Felder, doch begegnet man ihnen sehr häufig etwa in Gestalt von »Kommentar«- oder »Notiz«-Feldern. Nun ist prinzipiell nichts gegen die Existenz von solchen Notizfeldern einzuwenden, nur muss man dabei berücksichtigen, dass sie alle obigen Schwierigkeiten implizieren. Die Frage, die man hier stellen sollte, lautet: *Wofür* werden diese Felder denn verwendet? Wenn sie wesentlich für fachliche Prozesse sind, dann sollte zumindest geprüft werden, ob diese Prozesse nicht besser durch das System unterstützt werden könnten, wenn man die entsprechenden Daten in strukturierter Form erfasst. Im obigen Beispiel etwa scheint es zur Bearbeitung von bestimmten Vorgängen wichtig zu sein, eine Kontaktperson zu einem Fahrzeug zu kennen. Diese Relation ließe sich ebenso gut strukturiert erfassen bzw. sogar *besser* strukturiert, da dann die Felder validiert und die Daten sogar normalisiert werden könnten.

Es mag allerdings Fälle geben, in denen die Daten, die Nutzer in den Notizfeldern erfassen wollen, so heterogen sind, dass ihre strukturierte Erfassung in keiner sinnvollen Kosten-Nutzen-Relation steht. Das kommt vor und in solchen Fällen kann auch ein generisches Feld hilfreich sein – doch wird man häufiger mehr Schaden als Nutzen anrichten. Man kann hier nur empfehlen, stets zu hinterfragen, für welche Use Cases solche Felder dienen sollen und ob diese Use Cases nicht anderweitig besser modelliert werden könnten.

Generische Felder vermeiden!

Nun mag dieses Antipattern nahezu trivial wirken, sind doch Entwickler stets misstrauisch gegenüber Freitextfeldern; aber aus einer systematischen Perspektive ist es ein sehr zentrales Muster. Man könnte nämlich behaupten, dass solche Felder das strikte Gegenteil von DDD sind. Zugrunde liegt immerhin die Idee, Strukturen für die Datenhaltung einzuführen, deren Semantik nicht feststeht. Aus Sicht dieses Kapitels, das den Fokus auf *Ontologie* gelegt hat, muss man festhalten, dass Fahrzeuge nun mal keine Eigenschaft »attribute1« haben – das entspricht nicht der realen Welt. Notizen dagegen gibt es sehr wohl und auch Kommentare sind realweltliche Gegenstände, die in der Welt der Fachseite eine große Rolle spielen können. Wo liegt also das Problem?

Die Antwort darauf liegt tiefer und hat mit dem Stichwort zu tun, das gerade gefallen ist: *Semantik*. Unsere erste Charakterisierung von DDD hat uns bereits zu einigen Patterns geführt, doch um tiefer in die Materie einzusteigen, müssen wir nun klären, worum es bei DDD *wirklich* geht.

3.7 Literaturhinweise

- Die im 2x2=3-Pattern zur Auflösung verwendeten *State Machines* sind ein Evergreen der theoretischen Informatik. Die lange Theoriegeschichte von Markov-Ketten, Moore- und Mealy-Automaten und ihren Anwendungen in Embedded- und Business-Software ist kaum mehr zu überblicken, zu einer Einführung vergleiche etwa [Wagner et al. 2006]. Erwähnenswert ist, dass das Spring Framework eine leistungsfähige Implementierung einer konfigurierbaren State Machine beinhaltet. (Die Dokumentation bemerkt pointiert, dass das Konzept einer State Machine sehr wahrscheinlich älter sei als jeder Leser der Dokumentation.)

- Das Thema der Reifikation von Relationen ist in der Datenmodellierung und insbesondere im Kontext von Peter Chens Entity Relationship Model (siehe [Chen 1976]) behandelt worden. Einschlägig sind hier auch die sogenannten *Association Classes*, die die *Unified Modeling Language* (UML) vorsieht und die zugleich eine Assoziation und eine Klasse sind.

- Auch das Thema der zeitlichen Gültigkeit von Relationen ist im Entity Relationship Modeling betrachtet worden, siehe etwa [Olivé 1999].

- Das in Abschnitt 3.4 erwähnte Memento-Pattern wird im »Gang of Four«-Klassiker *Design-Patterns* behandelt (siehe [Gamma et al. 2015, S. 394 ff.]). Die Autoren verwenden dort ein Memento für eine »Undo«-Funktion.

- Eine Einführung in *Event Sourcing* im DDD-Kontext bietet Vlad Khononov in [Khononov 2022, S. 99 ff.].

- Der »Composition over Inheritance«-Grundsatz war Item 16 in Josh Blochs Klassiker *Effective Java* [Bloch 2008], dort mit Fokus auf den Umstand, dass Vererbung die Kapselung verletzt.

- Das Thema generischer Felder ist vor allem in Hinblick auf generische *Typisierung*, also aus syntaktischer Perspektive, behandelt worden. Googles *API Improvement Proposal* 146 ist hier relevant, der auch festhält: »Services *should* attempt to introduce the ›least generic‹ approach that is able to satisfy the use case.« Natürlich erlaubt auch strikte Typisierung noch, die Felder generisch zu *verwenden*, wovon oben aber abgeraten wurde.

4 Fortgeschritten I: Semantik

4.1 Abbildung sprachlicher Konzepte in Software

Unsere erste Definition zu Domain-Driven Design bestand darin, DDD als den Versuch zu begreifen, die Welt, so wie sie »wirklich« ist, in Software abzubilden – wir haben das den »ontologischen« Ansatz genannt. Diese Betrachtungsweise brachte einige hilfreiche Erkenntnisse, doch ist sie nicht ausreichend. Wir möchten daher in einem zweiten Schritt versuchen, diese Definition zu verbessern (und man ahnt schon, dass das nicht die letzte Verbesserung sein wird).

Ausgehen können wir dabei von einem Phänomen, über das wir in unserer ersten Definiton zu schnell hinweggegangen sind: die Rolle, die die *Sprache* in der Modellierung spielt. Der ontologische Ansatz verleitet dazu, auszublenden, dass sich die Welt überhaupt nicht direkt in Software abbilden lässt. Vielmehr bilden wir *Konzepte* in Software ab, die wir anhand der Welt gebildet haben – und solche Konzepte sind zwangsläufig sprachlich. Das liegt nicht nur daran, dass Software in Programmiersprachen geschrieben wird, sondern auch daran, dass menschliche Konzeptualisierung im Wesentlichen ein sprachliches Phänomen ist – und letztlich schreiben wir Software für Menschen. Deren Konzepte finden sich in der Sprache als Wörter wieder – als Nomen, wenn es sich um »Dinge« handelt, und als Verben, wenn es um Handlungen (oder »Operationen«) geht. Da unser Ziel immer noch ist, die Welt der Anwender in Software abzubilden, wollen wir daher in diesem Kapitel einmal davon ausgehen, dass es bei DDD *in Wirklichkeit* darum geht, sprachliche Konzepte in Software abzubilden.

Eine zentrale Rolle spielt dabei die *Semantik*, d.h. die Lehre von der »Bedeutung«. Wenn wir versuchen wollen, ein sprachliches Konzept in Software zu gießen, dann muss sich seine »Bedeutung« auf irgendeine Art und Weise im Code wiederfinden. Nun ist Bedeutung allerdings eine gar nicht so triviale Sache und Generationen von Philosophen haben versucht, zu analysieren, was »Bedeutung« eigentlich ist. Einer dieser Analyseansätze ist für unseren Kontext besonders interessant, da er es erlaubt, unsere Intuition, dass Bedeutung sich in Software wiederfinden müsse, in klarere Begriffe zu bringen und daraus Patterns für unsere Modellierungsarbeit zu gewinnen. Das muss aber nicht heißen, dass er der »richtige« ist – diese Frage können wir getrost den Philosophen überlassen ...

Intension und Extension

Um den Begriff der Semantik für die Modellierung verwendbar zu machen, müssen wir uns zunächst für einen Moment mit der sogenannten »intensionalen Logik« beschäftigen. Während die »reguläre« (extensionale) Logik den meisten schon einmal begegnet ist, handelt es sich bei der intensionalen Logik um eine eher ausgefallene Disziplin und wir müssen nicht in ihre Tiefen einsteigen – doch hilft ein Verständnis der zugrunde liegenden Idee dabei, fundamentale Intuitionen in der Domänenmodellierung verständlich zu machen. Das Folgende kann daher einen kurzen Moment des Nachdenkens erfordern, verspricht aber auch einigen Gewinn.

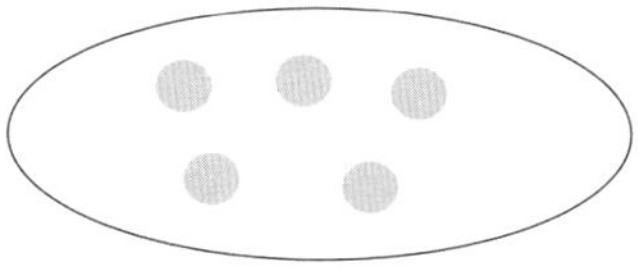

Abb. 4–1
Die Extension des Begriffs »Orange«

Zunächst führen wir eine Unterscheidung zwischen zwei Begriffen ein: »Intension« und «Extension«. Letztere ist dabei erheblich einfacher zu fassen: Die Extension eines Begriffs ist schlicht die Menge aller Gegenstände, die unter diesen Begriff fallen. Wollen wir etwa die Extension des Worts »Orange« angeben, so handelt es sich um die Menge aller Orangen (vgl. Abbildung 4–1). Diese simple Definition erlaubt es uns, sprachliche Aussagen in mengentheoretische Zusammenhänge zu übersetzen. So wird etwa der Satz »Orangen sind Zitrusfrüchte« zu der Aussage »Die Menge aller Orangen ist eine Teilmenge der Menge aller Zitrusfrüchte«.

Diese Formalisierung der Sprache hat enormen Wert in der Mathematik und den Naturwissenschaften, doch führt sie zu einem Problem, wenn wir versuchen, sie auf natürlich-sprachliche Zusammenhänge anzuwenden. Das berühmteste Beispiel hierfür stammt aus dem Jahr 1892 und wurde von Gottlob Frege formuliert. Dieser ging von den Begriffen »Abendstern« und »Morgenstern« aus und bemerkte, dass das »Extensionalitätsprinzip« (die Annahme, dass Bedeutung ausschließlich durch Extension bestimmt ist) zu einer Schwierigkeit führt. Denn bekanntlich sind der Abendstern und der Morgenstern derselbe Gegenstand, die Venus nämlich. Würde nun das Extensionalitätsprinzip gelten, so müssten sich alle Aussagen über den Abendstern in Aussagen über den Morgenstern übersetzen lassen – und häufig gilt das auch. Aber was ist etwa mit folgendem Satz:

Oder: »Der Abendstern und der Morgenstern sind derselbe Gegenstand.«

»Der Abendstern *ist* der Morgenstern.«

Wenn ich hier überall »Abendstern« durch »Morgenstern« ersetze (denn sie sind ja immerhin derselbe Planet), erhalte ich:

»Der Morgenstern ist der Morgenstern.«

Nun sagt diese Aussage aber leider überhaupt nichts aus, während die erste Aussage mir etwas sehr interessantes über die Welt (oder das Sonnensystem) verraten hat. Das Extensionalitätsprinzip scheint hier an seine Grenzen zu stoßen. Es scheint einen offensichtlichen Unterschied zwischen den beiden obigen Sätzen zu geben, während das Extensionalitätsprinzip nahelegt, dass sie *dieselbe* Aussage machen!

Semantik

Freges eigener Versuch, dieses Problem zu lösen, führte ihn zu einer – sehr schwammigen – Unterscheidung von »Sinn« und Bedeutung, die dann später formalisiert wurde als die Unterscheidung von Intension und Extension. Wir können (und müssen) hier nicht in die komplizierte Geschichte dieser Unterscheidung einsteigen und auch formale Details interessieren uns hier nicht. Uns genügt eine Intuition davon, was die *Intension* eines Begriffs ist.

Hierfür wird nun in der intensionalen Logik der Begriff der *Notwendigkeit* wichtig: Denn was die beiden obigen Sätze über den Morgenstern unterscheidet, kann man als eine Frage von Notwendigkeit auffassen. Die Aussage: »Der Morgenstern ist der Morgenstern« ist *notwendig* wahr – es ist schlicht nicht vorstellbar, dass sie nicht wahr sein könnte –, während die Aussage, dass der Morgenstern der Abendstern ist, durchaus falsch sein könnte.

Man verwendet, um diesen Unterschied zu fassen, oft die sogenannte »Mehr-Welten-Semantik«: Wir betrachten neben unserer tatsächlichen Welt alle anderen »möglichen« Welten, d.h. alternative Versionen unserer Welt, in denen andere Dinge wahr sind. Ist eine Aussage in *allen* möglichen Welten wahr, dann nennen wir sie *notwendig* wahr. In der Modallogik verwendet man dafür den sogenannten »Box«-Operator ($\Box$, lies: »Es ist notwendig der Fall, dass ...«).

So gilt etwa, wenn A die Aussage »ist der Abendstern« und M die Aussage »ist der Morgenstern« ist:

$$\Box(\forall x : Ax \Leftrightarrow Mx)$$

Sprich: »Es ist notwendig der Fall, dass alles, was der Abendstern ist, auch der Morgenstern ist.«

Dies ermöglicht uns, den Begriff der »Intension« eines Begriffs zu schärfen. Die Extension des Begriffs »Orange« hatten wir definiert als die Menge aller Orangen (in unserer Welt). Seine *Intension* können wir nun definieren als eine Funktion, die jeder möglichen Welt die Extension des Begriffs in dieser Welt zuordnet. So gibt es etwa (mindestens) eine mögliche Welt, in der es keine Orangen gibt, in dieser Welt wäre die Extension des Begriffs die leere Menge. In einer anderen Welt gibt es vielleicht nur einige wenige Orangen und alle Orangen sind größer als drei Meter im Durchmesser. Dann ist die Aussage »Alle Orangen sind größer als drei Meter im Durchmesser« in dieser Welt wahr – doch ist sie nicht *notwendig* wahr, denn sie gilt nicht in allen möglichen Welten und nicht einmal in unserer. Solche Gedankenspiele mit möglichen Welten sind eine sehr unterhaltsame Beschäftigung – sie helfen aber auch dabei, den Begriff der »Notwendigkeit« besser zu verstehen.

Doch was hat uns nun die Einführung dieser reichlich abstrakten Definition genützt? – Sie ermöglicht es uns, den Begriff der *Semantik* zu schärfen. Betrachten wir ein letztes Beispiel: eine einsame Welt (Abbildung 4–2). In dieser Welt gibt es genau einen Menschen und dieser heißt Klaus. Klaus ist ein Mann, er ist unverheiratet und Linkshänder. Nun ist es in dieser Welt wahr, dass die Begriffe »unverheirateter Mann«, »Linkshänder« und »Junggeselle« dieselbe Extension haben: Sie bezeichnen alle die Menge mit dem einen Element »Klaus«. Nach dem Extensionalitätsprinzip würden die drei Begriffe dasselbe bedeuten, doch entspricht das nicht unserer Intuition! Zwar bedeuten die Begriffe »unverheirateter Mann« (UM) und »Junggeselle« (J) dasselbe, mit Linkshändern (L) haben sie aber beide wenig zu tun. Der bloße Umstand, dass *zufällig* alle Junggesellen in dieser Welt Linkshänder sind – und umgekehrt – heißt nicht, dass die beiden Begriffe dasselbe bedeuten. Und eben diese *Zufälligkeit* macht den Unterschied aus: Die Extension der Begriffe UM und J wird in *allen* möglichen Welten *immer* dieselbe sein, d.h., sie sind *notwendig* ko-extensiv – und deswegen können wir sagen, dass sie dasselbe bedeuten.

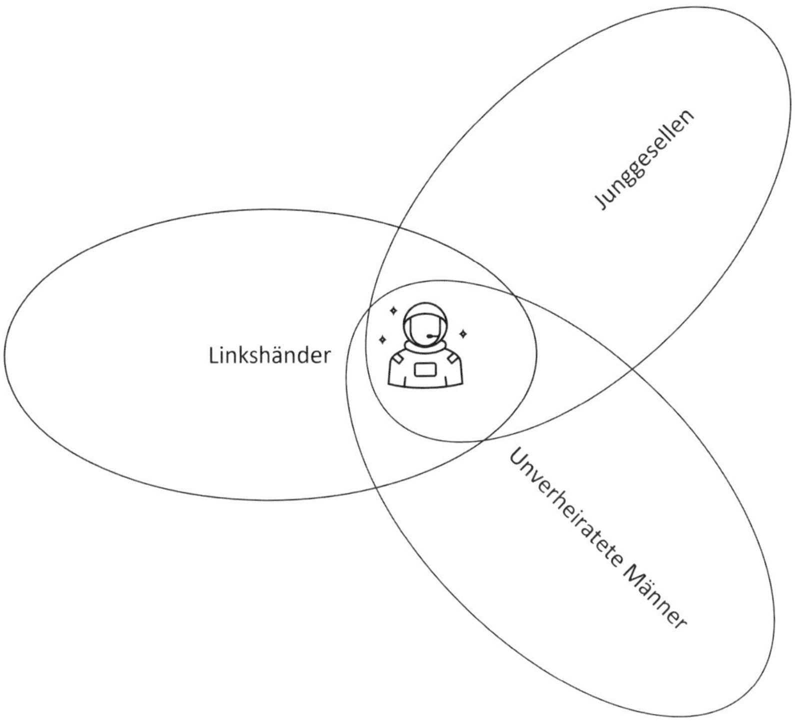

Abb. 4–2
Eine einsame Welt

In modallogischer Schreibweise würde sich dieser Umstand so niederschlagen:

$$\Box(\forall x \,.\, Jx \Leftrightarrow UMx)$$

Sprich: »Es ist notwendig der Fall, dass alle Junggesellen unverheiratete Männer sind – und umgekehrt!«

Es gilt zwar in unserer einsamen Welt auch für alle x, dass, wenn sie unverheiratete Männer sind, sie auch Linkshänder sind – aber eben nur deswegen, weil Klaus nun mal Linkshänder ist, und das ist nicht notwendig so. *Notwendig* gilt nur für alle unverheirateten Männer, dass sie auch Junggesellen sind (und umgekehrt) – denn diese Begriffe bedeuten dasselbe.

Zwei Begriffe bedeuten dasselbe, wenn ihre Intensionen übereinstimmen, d.h., wenn sie notwendig, in allen möglichen Welten – »egal, was passiert« – dieselben Gegenstände bezeichnen.

Nun mag es scheinen, als wäre das zwar eine (mehr oder weniger) faszinierende philosophische Spielerei, die aber in der Praxis nicht viel helfen würde – doch ist diese »Spielerei« in der Modellierung oft sehr hilfreich, wie die folgenden Patterns zeigen werden. Tatsächlich verfahren sehr erfahrene Business-Analysten oft völlig unbewusst nach Prinzipien, die sich aus dieser Formalisierung ergeben. Diesen werden die Patterns allerdings sehr vertraut vorkommen, doch selbst dann hilft es oft, diese Patterns explizit zu formulieren und sich die »tieferen« Zusammenhänge bewusst zu machen.

4.2 Antipattern: Extensionalitätsprinzip

Welche zentrale Bedeutung *Semantik* – und damit die »Intension« von Begriffen – für die Modellierung hat, wird besonders klar, wenn man sich vergegenwärtigt, wie viele Modellierungsfehler im Grunde daraus entstehen, dass Freges »Extensionalitätsprinzip« in der Modellierung (oder in der Implementierung) angewandt wird. Zur Rekapitulation – das Extensionalitätsprinzip ist folgende Aussage:

Extensionalitätsprinzip: Die Bedeutung eines Ausdrucks ergibt sich daraus, welche Gegenstände er bezeichnet.

Diesen Satz in der Domänenmodellierung zugrunde zu legen, führt zu sehr charakteristischen Fehlern und diese Fehler sind so häufig, dass das Prinzip ein eigenes Antipattern abgibt. Um dieses Antipattern zu verdeutlichen, kehren wir zurück in die reale Welt und betrachten ein (allerdings fiktives) Beispiel.

In der Caravaggio Leasing ist es üblich, dass Mitarbeiter Reisekosten zunächst selbst übernehmen und sich dann erstatten lassen. Dasselbe gilt für diverse andere Arten von Spesen. Um den Prozess der Erfassung und Bearbeitung solcher Erstattungen zu vereinfachen, wurde ein Softwaresystem implementiert, in dem die Mitarbeiter ihre Kosten eintragen und die zuständigen Bearbeiter sie prüfen und zur Erstattung freigeben können. Als zentrale Entität des Systems wurde dabei der `Beleg` in Abbildung 4–3 konzipiert.

Abb. 4–3 *UML-Diagramm der Beleg-Klasse*

Nach einiger Zeit haben sich die Nutzer nun an das System gewöhnt – oder besser: damit arrangiert. Im Grunde funktioniert der Prozess sehr gut, er weist nur eine kleine Sonderbarkeit auf. Dies wird klar, wenn man einen Blick auf die Daten wirft, die im System erfasst wurden (siehe Tabelle 4–1).

ID	M_ID	SUMME	DATUM	KOMMENTAR_M	KOMMENTAR_B
1	42	25,30	01.01.23	(null)	(null)
2	2	252,30	06.01.23	(null)	"Wahrscheinlich Reise?"
3	52	1,20	03.01.23	(null)	(null)
4	3	200,62	01.03.23	"Reise nach München; bitte Hotelsteuersatz anwenden!"	(null)
5	62	23,35	12.03.23	(null)	(null)
6	2	423,22	10.02.23	"Reise..."	(null)
7	4	112,20	12.03.23	(null)	(null)
8	63	523,30	24.12.22	"Liebe Kollegen, bitte für diese Reise den Hotelsteuersatz verwenden!"	(null)

Tab. 4–1
Beispieldaten – Belege

Kaffeepause 5

Um welches Problem haben die Nutzer des Systems hier »herumgearbeitet«?

Es ist für die Weiterbearbeitung der Belege offenbar von großer Wichtigkeit zu wissen, ob es sich bei dem Beleg um eine Reisekostenabrechnung handelt, für die ein abweichender Hotelsteuersatz von 7% erhoben worden ist, oder ob es sich um die reguläre deutsche Mehrwertsteuer von 19% handelt. Das System sieht nicht vor, dass diese Information (oder gar die Nettosumme) separat erfasst wird, daher haben die Nutzer sich mit einem Parallelprozess beholfen, der auf den typischerweise vorhandenen generischen Feldern aufbaut (hier: »Kommentar«, siehe das »Generic Field«-Antipattern in Abschnitt 3.6). Fragt man sich nun, wie es zu dieser Entwicklung gekommen ist, muss man wissen, dass das System bereits vor 2010 entwickelt wurde und zu diesem Zeitpunkt die Mehrwertsteuer ganz prinzipiell immer 19% betrug. Die Entwickler – und möglicherweise auch die Domänenexperten – sahen daher keine Notwendigkeit, den Mehrwertsteuersatz explizit zu modellieren. Als 2010 die entsprechende Gesetzesänderung vorgenommen wurde, galt auf einmal eine Annahme nicht mehr, die bis dahin gegolten hatte. Dass das System seit 2010 nicht mehr geändert wurde, steht auf einem anderen Blatt – uns stellt sich vor allem die Frage, ob es gute Gründe gegeben hätte, den Mehrwertsteuersatz bereits initial zu modellieren, was sicherlich die anschließende Änderung im System vereinfacht hätte.

Die Frage, die man hier hätte stellen müssen, macht den Zusammenhang zur Frage nach der Semantik klar: Ist es *notwendig* der Fall, dass die Mehrwertsteuer eines Belegs 19% (oder zumindest einen »global definierten« Prozentsatz) beträgt, oder ist es prinzipiell vorstellbar, dass für manche Belege – und sei es zukünftig – andere Steuersätze erhoben werden. Freilich – *extensional* waren die Begriffe »Beleg« und »19%ig besteuerter Beleg« gleichbedeutend: Jeder Beleg, den es gab, wurde mit 19% besteuert. *Intensional* dagegen waren sie nicht gleich: Es gab mögliche Welten – tatsächlich sogar unsere Welt, nur einige Jahre später –, in denen die Extensionen nicht mehr übereinstimmten. Das Extensionalitätsprinzip gilt hier nicht: Die Mehrwertsteuer gehört nicht zur Bedeutung des Worts »Beleg«, selbst wenn alle Belege auf der Welt zufällig dieselbe Mehrwertsteuer haben.

Auch temporale Aussagen erfordern regelmäßig intensionale Logiken.

Was man sich also hätte fragen müssen, ist: Ist es wahr, dass in jeder möglichen Welt der Mehrwertsteuersatz für alle Belege gleich – und zwar 19% – lautet. Die Antwort hierauf lautet »Nein«, was zumindest sehr stark nahegelegt hätte, die Eigenschaft explizit zu modellieren.

Man darf dieses Muster allerdings nicht ins Extreme treiben – wenn unser System jede mögliche Eventualität abbildet, die in der Welt je auftreten kann, wird es ebenfalls nicht mehr brauchbar sein. Das Beispiel verdeutlicht vielmehr eine Grundregel des Modellierens: Wenn sich (beispielsweise wie hier) die Frage stellt, ob eine Eigenschaft, eine Relation o.Ä. explizit modelliert werden sollte, reicht es nicht, sich zu fragen, ob sie (aktuell) *de facto* überflüssig wäre. Vielmehr sollte gefragt werden, ob sie *tatsächlich redundant* ist, also zur Intension der Entität gehört. Das wiederum lässt sich leicht durch das Gedankenexperiment feststellen, ob es prinzipiell vorstellbar ist, dass »es auch anders sein könnte«. Diese Probe machen erfahrene Entwickler und Facharchitekten ohnehin automatisch im Hinterkopf – doch ist es hilfreich, sich das Prinzip einmal explizit vor Augen zu führen. Dieses Prinzip ist nicht auf das konkrete obige Problem eingeschränkt, sondern in sehr vielen Situationen anwendbar. Es lautet: Modelliere nicht auf Grundlage von *zufälligen* Zusammenhängen, sondern aufgrund von *notwendigen*. Oder auch:

Modelliere nicht, was funktioniert, sondern was semantisch korrekt ist – dann funktioniert es sogar notwendig.

4.3 Antipattern: Lockstep Calculation

Das »semantische« Verständnis von DDD hilft auch zu erkennen, wie Designelemente bis tief in die Implementierung hineinreichen. Das Pattern in diesem Abschnitt wird in seiner einfachsten Form den meisten Entwicklern durchaus vertraut sein und hilft hier dabei, die Brücke zwischen Implementierung und Design zu schlagen und zu zeigen, dass DDD eben auch eine Frage guter Implementierung ist – oder umgekehrt, dass die Regeln guter Implementierung sich häufig aus Prinzipien solider Modellierung ergeben. Zugleich illustriert es die zunächst obskure Kategorie von »Notwendigkeit«, die sehr abstrakt wirken kann. Zuletzt ist aber auch das Antipattern selbst in seinen komplizierteren Ausprägungen leichter zu erkennen, wenn man von den zugrunde liegenden Prinzipien ausgeht.

Beginnen wir aber mit der einfachsten Form des »Lockstep Calculation«-Antipatterns und betrachten folgende Klasse:

```
data class Rechnung(
    ...,
    var betragNetto = 0.0,
    var steuersatz = 0.19,
    var betragBrutto = 0.0) {

    fun berechneBetragBrutto() {
        this.betragBrutto =
          this.betragNetto * (1 + this.steuersatz)
    }

}
```

Listing 4.1 *Rechnung mit Brutto-Berechnung (»Lockstep Calculation«)*

Manchem wird dieser Codeschnipsel bereits spanisch vorkommen. Spätestens wenn sich dann in einem Codekommentar die nachfolgenden Hinweise finden, wird das Problem offenkundig:

Listing 4.2 *Verwendung der Brutto-Berechnung (»Lockstep Calculation«)*

```
// Usage:
val rechnung = Rechnung(betragNetto = 20.0)
// DO NOT FORGET TO CALL THIS!!
rechnung.berechneBetragBrutto()
Assertions.assertEquals(21.19, rechnung.betragBrutto)
```

☕ Kaffeepause 6

Worauf soll der »schreiende« Kommentar im Codebeispiel hinweisen?

Von Details abgesehen, wie etwa, dass es meist nicht geschickt ist, Geldbeträge in `Floating Point`-Typen auszudrücken, dass die Mehrwertsteuerkonstante in einer Modellklasse deplatziert wirkt oder dass sich hier anbieten könnte, ein **Value Object** zu verwenden (siehe Abschnitt 2.1), liegt zugleich ein viel banaleres Problem vor, das sich in der in Großbuchstaben geschriebenen Nachricht ausdrückt: Die Implementierung ist ganz wesentlich darauf angewiesen, dass nach jeder Änderung von `betragNetto` die Methode `berechneBetragBrutto()` aufgerufen wird. Übersieht der Entwickler das, vergisst es oder geschieht es in Teilen des Codes, die sich seiner Kontrolle entziehen, ist nicht nur die Summe inkorrekt – schlimmer: Die Daten der Rechnung sind *in sich inkonsistent*. Es muss daher sichergestellt werden, dass die Rekalkulierung unmittelbar nach jeder Änderung ausgeführt wird, um Inkonsistenzen zu vermeiden. Eine solche Berechnungslogik wollen wir »Lockstep Calculation« nennen (da Änderung und Neuberechnung hier immer »im Gleichschritt« geschehen müssen).

Nun lässt sich diese Problematik hier sehr simpel auflösen – was keineswegs heißt, dass sich solche Klassen nicht in der realen Welt finden! Gerade in letzter Zeit sind hier deklarative Ansätze wieder stärker zu ihrem Recht gekommen, wie etwa in Gestalt *abgeleiteter* Eigenschaften:

```
data class Rechnung(
    ...,
    var betragNetto = 0.0,
    var steuersatz = 0.19) {

    val betragBrutto get()
      = this.betragNetto * (1 + this.steuersatz)

}
```

Listing 4.3 *Bruttobetrag als abgeleitete Eigenschaft*

Diese Implementierung illustriert zweierlei: zum einen, dass das Feld `betragBrutto` stets nur *redundante* Daten enthalten hat, das sind Daten, die sich auch aus den anderen Daten ableiten lassen. Zum anderen erlaubt der deklarative Ansatz, der `betragBrutto` nicht explizit berechnet, sondern angibt, wie sich die Eigenschaft bei Bedarf berechnen lässt bzw. was `betragBrutto` *bedeutet*, die Implementierung so anzupassen, dass eine Lockstep Calculation nicht mehr notwendig ist. Dies hat den entscheidenden Vorteil, dass `betragBrutto` nicht nur »unter den richtigen Bedingungen« oder »wenn man sich an die Regeln hält« mit `betragNetto` konsistent ist – sondern dass dies sogar *notwendig* so ist. Es gehört zur Semantik des Felds `betragBrutto`, dass es sich aus `betragNetto` direkt errechnen lasst, daher sollte unsere Implementierung diesen notwendigen Zusammenhang ausdrücken und nicht nur syntaktisch sicherstellen.

»Make illegal states unrepresentable«

Insbesondere in der Functional-Programming-Community wird ein verwandter Sachverhalt gerne durch einen Satz zusammengefasst, der wohl auf Yaron Minsky zurückgeht: »Make illegal states unrepresentable.« Der Gedanke lässt sich insbesondere durch das obige Beispiel illustrieren. Eine `Rechnung`-Instanz, in der `betragNetto` und `betragBrutto` nicht zusammenpassen, ist ein illegaler Zustand – doch einer, der sich in der Software repräsentieren lässt. In unserem verbesserten Codebeispiel ist es schlicht nicht möglich, dass eine Inkonsistenz auftritt – sie ist nicht »repräsentierbar«.

Man kann diesen Satz als eine sehr technische Variante der Regel begreifen, dass Software bereits durch ihr Design bestimmte fachliche Anforderungen *notwendig* erfüllen sollte. Wir haben dies oben als eine Konsequenz *semantischer Korrektheit* beschrieben, doch fällt dies in vielen Fällen mit dem hier zitierten Rat zusammen – wenngleich semantische Korrektheit natürlich noch weit darüber hinaus geht.

Ein Vorgriff: (De-)Normalisierung

Es ist hier interessant festzuhalten, dass man dieses Pattern auch als Spezialfall des (De-)Normalisierungspatterns (siehe Abschnitt 4.6) betrachten kann. Das wird deutlich, wenn man sich ein wenig untypischere Fälle anschaut, wie etwa das Modell in Abbildung 4–4.

Abb. 4–4 *UML-Diagramm einer denormalisierten Relation*

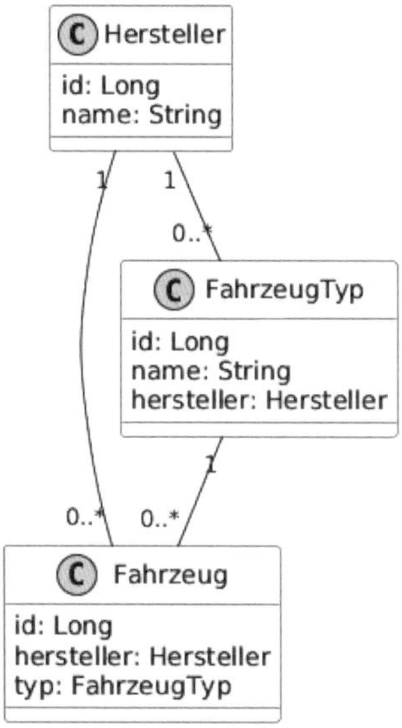

Der Gedanke ist klar: Ein Fahrzeug hat einen Hersteller und einen Typ. Mein erstes Auto war ein Astra und hergestellt hatte ihn die Firma Opel (die auch alle anderen Astras auf der Welt produziert hatte), so weit scheint das Modell die Realität korrekt wiederzugeben. Tatsächlich ist an diesem Modell nicht *prinzipiell* etwas auszusetzen, doch enthält es – ähnlich wie im vorherigen Beispiel – *redundante* Daten. Diese Daten sind die Folge einer *Denormalisierung* und auch an dieser ist nichts prinzipiell falsch und es kann gute Gründe geben, Daten zu denormalisieren. Wann sich das empfiehlt und wann nicht, ist eine der kompliziertesten Fragen in der Modellierung und wir werden darauf in Abschnitt 4.6 zurückkommen.

In diesem konkreten Fall scheint allerdings die Denormalisierung wenig Vorteile zu bringen. Sie hat aber einen entscheidenden Nachteil: die lästige Realität. In unserem hier angedachten IT-System der Caravaggio Leasing scheint es etwas zu geben, was man meist als »Stammdaten« bezeichnet. Das sind Daten, die sich im Gegensatz zu den »Bewegungsdaten« selten ändern und häufig für sehr viele verschiedene Use Cases benötigt werden. Solche Stammdaten müssen auf irgendeine Art ins System gelangen und dass sie sich selten ändern, heißt nicht, dass sie sich *nie* ändern. Insbesondere – und hier lässt sich eine allgemeine Regel formulieren – machen Menschen Fehler, und zwar nahezu ununterbrochen. Auch der Nutzer, der die Stammdaten anlegt, kann dabei einen Fehler machen und etwa den Fahrzeugtyp »Astra« dem Hersteller »VW« zuordnen. Dies erfordert eine Änderung und mit solchen Anforderungen sollte immer gerechnet werden. Domänenexperten wie Entwickler neigen dazu, in der Modellierung vom Sollzustand auszugehen, der aber selten der Realität entspricht. Es lohnt sich daher immer, Fragen zu stellen, wie: »Was geschieht denn, wenn ein Nutzer irrtümlich Daten falsch eingibt?« Die Antwort wird dann meist lauten: »Dann muss es *natürlich* möglich sein, sie wieder zu korrigieren.«

Nun ist eine solche Korrektur in unserem System möglich, schließlich haben wir nicht nur eine Maske zur Anlage, sondern auch zur Pflege der Stammdaten gebaut. Doch was geschieht in folgendem Szenario?

- Nutzer A legt Fahrzeugtyp »Astra« an und weist ihn dem Hersteller »VW« zu.
- Nutzer B legt 1200 Fahrzeuge vom Typ »Astra« an, die dabei explizit aufgrund der Denormalisierung auch dem Hersteller »VW« zugeordnet werden.
- Nutzer A bemerkt seinen Irrtum und weist nun den Fahrzeugtyp »Astra« dem Hersteller »Opel« zu.

Hier ergibt sich folgendes Problem: Wir haben nun 1200 Fahrzeuge im System, die einen in sich inkonsistenten Zustand aufweisen, weil sie gleichzeitig VW und Astra sind. Was hier nun nötig wird, ist auf eine interessante Art strukturanalog zu dem, was wir oben »Lockstep Calculation« genannt haben: Die Änderung des Herstellers, der einem Fahrzeugtyp zugeordnet ist, muss unmittelbar eine Änderung aller *Fahrzeuge* nach sich ziehen, die diesem Fahrzeugtyp zugewiesen sind. Das ist eine etwas ungewöhnliche Art von »Lockstep *Calculati-*

on«, doch letztlich handelt es sich um dasselbe Muster. Es entstand dadurch, dass das Modell die Semantik der Domäne nicht völlig korrekt ausgedrückt hat und deshalb grundlegende Regeln – sogenannte **fachliche Invarianten** – zwar »im Normalfall«, aber nicht *notwendig* galten. Zunächst sah es so aus, als wäre das Modell korrekt, schließlich hat ein Fahrzeug einen Hersteller und einen Fahrzeugtyp – doch drückt das Modell nicht die semantische Finesse aus, dass der Hersteller eines Fahrzeugs *immer* auch der Hersteller *seines Fahrzeugtyps* ist. Für das verbesserte Modell ziehen wir Abbildung 4–5 hinzu. In diesem Modell gilt die Aussage, dass $\Box(\forall x : ASTRAx \Rightarrow OPELx)$.

Abb. 4–5
UML-Diagramm einer normalisierten Relation

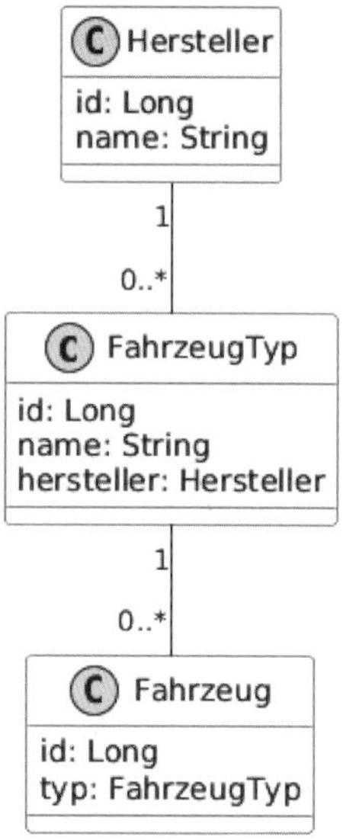

Solche Sachverhalte zeigen, dass bisweilen semantisch korrekte Modellierung schwieriger ist, als es auf den ersten Blick scheinen mag. Unabhängig von der Frage, wann es sinnvoll sein kann, Daten zu denormalisieren – auf die wir zurückkommen werden –, sollte man immer misstrauisch werden, wenn irgendeine Art von Änderung »automatisch« eine Neuberechnung von abhängigen Daten nach sich zieht. Das kann in Grenzfällen sinnvoll sein, doch bricht es eine grundsätzliche Regel: dass bereits das Modell sicherstellen sollte, dass grundlegende Regeln notwendig eingehalten werden. Bloße Fehlerfreiheit, könnte man sagen, ist einfach nicht genug.

Wenn nach Änderungen komplexe Neuberechnungen angestoßen werden müssen, ist das grundsätzlich verdächtig.

4.4 Pattern: Semantic Uniformity

Das nächste Pattern stellt in gewisser Weise den Kern dieses Kapitels dar. *Semantische Einheitlichkeit* (Semantic Uniformity) ist ein wesentlicher Bestandteil semantisch korrekter Modellierung und schlägt zugleich die Brücke zu klassischen *Best Practices* der Softwareentwicklung. Sie illustriert damit gewissermaßen, weshalb DDD so effizient darin ist, Komplexität in der Softwareentwicklung zu reduzieren und handhabbar zu machen.

Wir gehen in diesem Kapitel davon aus, dass es Aufgabe von Software ist, semantische Konzepte abzubilden. Dabei ist eine notwendige Bedingung für semantische Einheitlichkeit, dass diese Konzepte konsistent sind, d.h., dass sie nicht in sich widersprüchlich sind. Das Konzept eines eckigen Kreises lässt sich nicht (sinnvoll) in Software abbilden, weil es bereits in sich nicht konsistent ist. Doch setzt semantische *Einheitlichkeit* mehr voraus als nur Konsistenz, und zwar sowohl auf der Ebene der Abbildung in Software als auch bereits auf der konzeptuellen Ebene selbst.

Auf der Softwareebene bedeutet semantische Einheitlichkeit, dass die Software die semantischen Konzepte der Domänenexperten *eindeutig* umsetzen soll. Im Idealfall besteht eine 1:1-Beziehung zwischen realweltlichen Konzepten und ihren Korrelaten in der Software.

Auf der konzeptuellen Ebene bedeutet semantische Einheitlichkeit, dass das semantische Konzept selbst eine »natürliche Einheit« bildet. Diese Intuition lässt sich durch Gegenbeispiele schärfen. Semantisch einheitlich ist das Konzept »Hase«, uneinheitlich ist das Konzept »schwarzer Hase bei Mitternacht, der zuvor einen Purzelbaum geschlagen hat«. Es ist zwar klar definiert, was das Konzept (zu einem gegebenen Zeitpunkt) umfasst, es fühlt sich aber auf eine merkwürdige Art »künstlich« an. Ein Nutzer, der in seiner Fachwelt mit einem solchen Konzept operiert, ist schwer vorstellbar. Allerdings gibt es durchaus sehr komplexe Sachverhalte, die in der mentalen Welt der Anwender konzeptuellen Status erhalten. Diese werden dann häufig durch ein Fachwort »zusammengefasst« – ein häufiger Indikator für semantische Einheitlichkeit ist die Existenz eines Substantivs für den Sachverhalt. So ist zum Beispiel eine »Annuität« intern ein unwahrscheinlich komplexes Konstrukt (laut Wikipedia eine »regelmäßig jährlich fließende Zahlung, die sich aus den Elementen Zins und Tilgung zusammensetzt« – was zunächst wie ein semantisch sehr uneinheitliches Konzept wirkt), doch hat die Annuität für einen mit der Sache vertrauten Domänenexperten den Status eines völlig einheitlichen Konzepts.

Was wir hier sehen, zeigt, dass sich »semantische Einheitlichkeit« eines Konzepts nicht ohne Rückgriff auf die Erfahrungswelt der Domänenexperten definieren lässt. Dies ist zumindest *einer der Gründe*, weshalb DDD dabei hilft, Komplexität in Software zu reduzieren: Die Konzepte der Domänenexperten leisten das bereits! Solche Konzepte, die sich über Jahrzehnte täglicher Arbeit eingeschliffen haben, besitzen eine inhärente Einheitlichkeit, die dem Softwareentwickler nicht auf den ersten Blick klar werden mag, die sich letztlich aber als wertvolle Hilfe bei der sinnvollen Strukturierung von Logik erweist.

Diesen Effekt hat semantische Einheitlichkeit tatsächlich *auf allen Ebenen* der Softwareentwicklung und es überrascht daher nicht, dass Verstöße dagegen sich für den erfahrenen Entwickler unmittelbar falsch und – umgekehrt – die Regeln semantisch einheitlichen Designs wie vertrautes Erfahrungswissen anfühlen. Beim Betrachten einiger Beispiele auf verschiedenen Ebenen wird schnell klar, wie Semantik DDD und fundamentale Prinzipien von Softwareentwicklung zusammenschließt.

Variablen

Beginnen wir auf dem mikroskopischen Level:

Listing 4.4 *Semantisch uneinheitliche Variable* (temperature)

```
fun getCurrentTemperatureFromApi(): Int {
    var temperature: Int = -1
    val response = Request.Get(myTemperatureApi)
      .execute().returnResponse()
    val status = response.statusLine.statusCode
    temperature = if (status in 200..299) {
        EntityUtils.toString(response.entity).toInt()
    } else {
        status
    }
    return temperature
}
```

Die obige Methode fühlt sich sehr wahrscheinlich falsch an. Die Idee, eine API aufzurufen, im Erfolgsfall die Antwort (eine Zahl) und im Fehlerfall den Statuscode (immerhin auch eine Zahl) in eine Variable `temperature` zu schreiben, wirkt beinahe albern. Zumindest wird der erfahrene Entwickler sehen, dass das Chaos bereits vorprogrammiert ist. Unabhängig davon, wie realistisch ein solches Beispiel ist – wobei man zumindest der Idee, im Fehlerfall -1 zurückzugeben, häufiger begegnet, als man wünschen kann –, stellt sich die Frage, *weshalb* sich dieses Konstrukt so falsch anfühlt.

Zumindest von einem semantischen Standpunkt aus lautet die Antwort: weil die Variable `temperature` semantisch uneinheitlich definiert ist (und das sogar auf zwei Arten). *Einerseits* heißt die Variable `temperature` und sollte daher ein Konzept von variabler Temperatur abbilden, doch enthält die Variable nicht immer einen Temperaturwert. *Andererseits* lautet die Antwort auf die Frage, was die Variable `temperature` semantisch ausdrückt: »Den gesuchten Temperaturwert oder gegebenenfalls einen Fehlercode« – und das entspricht schlicht keinem semantisch einheitlichen Konzept. (Ein guter Indikator für semantische *Un*einheitlichkeit ist das Vorkommen von »wenn«, »oder«, »und« etc. in der fraglichen Definition.)

Methoden

```
class RechnungService {

    @Transactional
    fun sende(rechnung: Rechnung) {
        if (rechnung.status != GEDRUCKT) {
            // will set status to GEDRUCKT
            this.drucke(rechnung)
        }
        // will set status to SENT
        smtpService.send(rechnung.toMail())
    }

}
```

Listing 4.5
Semantisch uneinheitliche Methode (sende)

Auch die obige Methode verstößt zugleich auf zwei Ebenen gegen die »Semantic Unformity«-Regel. Man kann diese Ebenen hier interessanterweise auch in der Sprache klassischer Best Practices der Softwareentwicklung wiedergeben:

- Sie verstößt gegen das »Principle of Least Astonishment« [Martin 2009, S. 288 f.]: Die Methode heißt `sende`, sie tut aber mehr, als nur eine Rechnung zu verschicken – sie sorgt auf magische Art und Weise dafür, dass die Rechnung auch versandfertig ist, sollte sie das noch nicht sein. Dies verstößt in unserer Terminologie gegen die Forderung, dass der Name der Methode ihre Semantik widerspiegeln sollte. Dass sie das nicht tut, heißt natürlich, das Chaos ist vorprogrammiert.

Das ist auch die Forderung hinter Evans' Intention-Revealing Interfaces.

- Sie verstößt gegen das »Single Responsibility Principle« [Martin 2009, S. 138 ff.]: Das Drucken der Rechnung ist nicht Teil ihres Versandprozesses und sollte daher nicht innerhalb desselben Moduls (hier: derselben Klasse) behandelt werden.[1] In unserem Kontext entspricht das der Beobachtung, dass die Operation, die diese Methode abbildet, nicht semantisch einheitlich ist: Sie versendet eine Rechnung, und *druckt sie gegebenenfalls zuvor*.

Dass dies problematisch ist, wird schnell klar, wenn man sich etwa Folgendes fragt:

- ob es nicht Zustände der Rechnung geben könnte, in denen sie noch gar nicht verschickt werden *darf*,
- ob nicht Use Cases existieren, in denen die Rechnung in ihrer finalen Gestalt erst geprüft werden muss,
- ob die `drucke`-Methode nicht Seiteneffekte haben könnte, die schlecht zum Transaktionsverhalten der `sende`-Methode passten (man stelle sich einen Drucker vor, der von Retries bombardiert wird, weil ein SMTP-Server down ist),
- oder ob nicht zumindest ein Entwickler zu irgendeinem Zeitpunkt so sehr überrascht sein wird, dass er seinen Kaffee verschüttet.

Dies zeigt, dass auch auf der Methodenebene semantische Einheitlichkeit zum Kern guter Softwareentwicklung gehört und viele traditionelle Prinzipien in der Konsequenz nach sich zieht.

Exkurs: Services

Da diese Stelle so gut ist wie jede andere, um eine häufig diskutierte Frage zu adressieren, können wir sie auch kurzerhand aus dem Weg räumen: die Frage nach *Services*.

[1] Wikipedia verwendet ein ähnlich gelagertes Beispiel.

Noch (oder schon) in Martin Fowlers Klassiker [Fowler 2003] stellt er die Notwendigkeit von Services überhaupt infrage. Hintergrund sind für ihn letztlich die Prinzipien guten objektorientierten Designs: Ein Objekt sollte die Operationen, die auf ihm möglich sind, selbst implementieren. Das führt nicht nur zu besonders effizienter Kapselung, es erlaubt auch – und man darf nie unterschätzen, wie groß dieser Vorteil ist! – den Code *menschenlesbar* zu formulieren! Eine Methode `Ship.moveTo(...)` ist selbsterklärend, während die Formulierung `ShipMovementService.move(ship, ...)` das sehr viel weniger ist.

Im DDD-Kontext hatte Evans dagegen Services von vornherein explizit als Pattern vorgesehen [Evans 2004, S. 104 ff.]. In der Zwischenzeit haben sich Services nicht nur sehr weitgehend etabliert, sie sind sogar zum primären Ort geworden, Logik zu implementieren. Dies ist wohl nicht zuletzt dem Umstand geschuldet, dass es in JEE-Kontexten (JEE – Jakarta (früher: Java Platform) Enterprise Edition) als verpönt galt, »Logik in Entity-Klassen zu packen«. Diese alte (technisch bedingte) Restriktion ist heute obsolet, das Gefühl der »bad practice« blieb.

Nun ist sicherlich diese Entwicklung ihrerseits über das Ziel hinausgeschossen. Man kann sich bisweilen fragen, ob es sich eigentlich noch um objektorientierte Programmierung handelt, wenn Anwendungen nur noch aus Singleton-Services bestehen und auf Entitäten operieren, die kaum mehr als Datenstrukturen sind.

In der DDD-Community ist in letzter Zeit allerdings wieder stark darauf gepocht werden, Business-Logik wo möglich in Entitäten zu implementieren – nicht zuletzt, weil das sehr schöne Analysetechniken ergibt, wie die Regel, alle Substantive in der Ubiquitous Language als Klassen und alle Verben als deren Methoden abzubilden.

Nichtsdestoweniger drängen sich regelmäßig Use Cases auf, in denen der völlige Verzicht auf Services zu enorm kruden Konstruktionen zwingen würde. Das gilt etwa dann, ...

- ... wenn mehrere Entitäten »gleichberechtigt« an einer Operation beteiligt sind,
- ... wenn es sich um sehr technische Operationen handelt oder
- ... wenn die Operation gar von umgebender Infrastruktur abhängig ist.

In folgendem Beispiel ist der gute Vorsatz, möglichst viel Logik in der Entität zu implementieren, wohl in ein Zuviel des Guten umgeschlagen:

Listing 4.6 *Entität mit (zu) viel Logik*

```
class Rechnung {

  ...

  fun freigeben(rechnungen: List<Rechnung>) {
    if (this.freigegeben) {
        throw IllegalStateException("Bereits freigegeben")
    }
    this.freigegeben = true
    if (rechnungen
      .any { it.rechnungsnummer == this.rechnungsnummer}) {
         throw IllegalStateException("Rechnungsnummer " +
             "doppelt vergeben")
      }
    SMTPSender.getInstance().sendMail(this.toMail())
  }

}
```

Kaffeepause 7

Welche Arten von Operationen lassen sich hier unterscheiden?

Es fällt schnell auf, dass hier sehr unterschiedliche Arten von Operationen in einer Methode zusammengefasst sind. Soweit es die Entität `Rechnung` selbst betrifft, ist die Operation sehr schlicht: Die Eigenschaft `freigegeben` wird auf `true` gesetzt und diese Operation kann nur einmal erfolgen. Alles Weitere betrifft nicht unmittelbar die Entität, sondern ihr Zusammenspiel mit anderen Entitäten oder die technische Integration mit Umsystemen.

Diese Operationen wiederum lassen sich unterscheiden in solche, die *Business-Logik* enthalten, und solche, die rein technischen Zwecken dienen. In vielen Spielarten hexagonaler Architektur wird hierfür die Unterscheidung zwischen **Domain Services** und **Application Services** empfohlen. Um das Zusammenspiel der verschiedenen Ebenen zu verdeutlichen, können wir das obige Codebeispiel refaktorieren. Zunächst destillieren wir den Kern heraus: den Teil der Logik, der die Entität selbst betrifft.

```
class Rechnung {

    ...

    fun freigeben() {
      if (this.freigegeben) {
          throw IllegalStateException("Bereits freigegeben")
      }
      this.freigegeben = true
    }

}
```

Listing 4.7
Der Kern: die Entität

Es fällt auf, dass auf dieser Ebene auch die Signatur der freigeben()-Methode vereinfacht wird.

In einem zweiten Schritt verlagern wir die Business-Operationen, die mehrere Entitäten gleichberechtigt betreffen, in einen *Domain Service*. Das gilt hier insbesondere für die Prüfung, ob eine Rechnungsnummer doppelt vergeben wurde, die im ersten Beispiel in Listing 4.6 auch die unglückliche Methodensignatur der Methode `freigeben` erzwungen hatte.

Listing 4.8
Die innerste Schale: Entitäten-übergreifende Domänenlogik

Für die eigentliche Freigabe delegiert der Domain Service an die Entität.

```
class RechnungDomainService {

    fun freigeben(rechnungen: List<Rechnung>) {
      if (hasDuplicates(rechnungen)) {
          throw IllegalStateException("Rechnungsnummer " +
              "doppelt vergeben")
      }
      rechnungen.forEach {
        it.freigeben() // delegate to entity
      }
    }
}
```

Was nun noch bleibt, sind technische Operationen: das Abrufen von Rechnungen aus der Datenbank und das Versenden von E-Mails bei Freigabe. Beides ist kein integraler Bestandteil der Business-Logik (wenngleich der Mail-Versand natürlich einen fachlichen Use Case adressiert). Die technischen Operationen können daher in einen *Application Service* verlagert werden.

Listing 4.9
Die äußere Schale mit Berührung zur Außenwelt

```
class RechnungApplicationService {

    fun freigeben() {
      val rechnungen =
           rechnungRepository.findAllByFreigegebenFalse()
      rechnungDomainService.freigeben(rechnungen)
      rechnungen.forEach {
        smtpSender.send(it.toMail())
      }
    }

    private fun Rechnung.toMail(): MailTO {
      ...
    }
}
```

Allerdings erfordert dieses simple Beispiel, wie so oft, einige einschränkende Anmerkungen:

- Zunächst ist es in der Praxis häufig nicht so leicht zu unterscheiden, welche Operationen in eine Entität und welche in einen Service gehören. Selbst die auf den ersten Blick sehr einfache Unterscheidung zwischen fachlichen und technischen Operationen ist oft gar nicht so klar zu treffen, wie oben bereits angedeutet wurde: Der Versand einer Mail über einen SMTP-Server ist offensichtlich eine sehr technische Angelegenheit, doch kann es integraler Bestandteil einer fachlichen Operation sein, Dritte darüber in Kenntnis zu setzen, sodass die Trennung der beiden Schritte fragil wirken kann.
- Beim Schnitt der Services sollte von vornherein die *Testbarkeit* mitgedacht werden. Eine klare Trennung der Business-Logik von Infrastruktur-Abhängigkeiten ist in jedem Fall von Vorteil, doch sollte auch beim Schnitt der Business-Logik Wert auf ein klares Interfacedesign gelegt werden.
- Zuletzt kann sich die Frage aufdrängen, ob der oben refaktorierte Code nicht am Ende zu komplex geworden ist – sind das nicht *zu viele Layer*? Insbesondere in sehr einfachen Anwendungen können dabei Layer den Status von »Durchlauferhitzern« annehmen, wenn sie ausschließlich an das nächste Layer delegieren.

In solchen Fällen kommen häufig eventbasierte *Architekturen zum Einsatz.*

Die Antwort, die ich hier – wie im Grunde überall – nahelegen möchte, ist: mit Augenmaß vorzugehen. Services sind ein wertvolles Werkzeug und sollten da zum Einsatz kommen, wo sie dabei helfen, die Domäne klarer zu fassen. Auch die Trennung in Application Services und Domain Services kann eine gewisse Berechtigung für sich reklamieren. So helfen Services ihrerseits, den Code semantisch einheitlich zu strukturieren, da sie technisches Beiwerk von der fachlichen Logik trennen. Umgekehrt haben die objektorientierten Prinzipien nichts von ihrer Berechtigung verloren – und ich würde mir niemals einen Homerun-Fall wie `Ship.moveTo(...)` entgehen lassen, der Code wird einfach zu schön dadurch. Allerdings kann es gerade im Fall von sehr einfachen Anwendungen völlig angemessen sein, die überschaubare Business-Logik ausschließlich in einem einzelnen Service-Layer zu verorten. Die Frage, wo Business-Logik »hingehört«, sollte nicht im luftleeren Raum beantwortet werden. Es gibt auch hier nicht nur eine richtige Antwort.

Felder und Spalten

Bislang haben wir uns mit den eher mikroskopischen Ebenen des Codes beschäftigt und wiewohl dort semantische Einheitlichkeit bereits sehr wichtig ist, wird sie ungleich zentraler, je größer der Kontext ist, in dem wir uns bewegen. Man kann argumentieren, dass das der Grund dafür ist, dass DDD so eine große Bedeutung für die Business-Software-Entwicklung gewonnen hat: Die Kontexte sind häufig sehr groß und viel zu komplex, um sie mit »gesundem Menschenverstand« zu durchdringen.

Kommen wir daher von Methoden zu *Feldern* und betrachten das Beispiel in Abbildung 4–6, das erneut aus einem System der Caravaggio Leasing stammt.

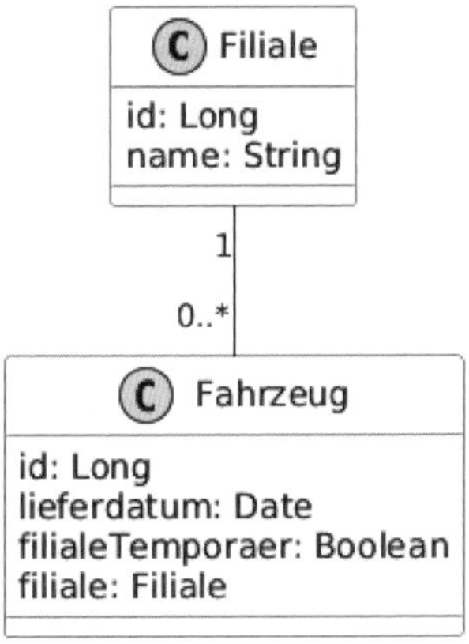

Abb. 4–6 *UML-Diagramm einer semantisch uneinheitlichen Fahrzeug-Filiale-Relation*

Das Modell sieht auf den ersten Blick nicht völlig verkehrt aus, nur fällt die ein wenig merkwürdige Boolean-Variable `filialeTemporaer` auf. Boolean-Flags sind sehr häufig Hinweise auf semantische Uneinheitlichkeit und es lohnt sich immer, sie zu hinterfragen. In diesem speziellen (fiktiven, aber nicht völlig unrealistischen) Fall ergibt unsere Nachfrage, dass das Flag im Nachhinein eingeführt wurde, um ein Problem zu lösen, das in der Praxis oft auftrat: Die Fahrzeuge wurden beim Hersteller bestellt und (idealerweise) zum angegebenen Lieferdatum geliefert. In der überwiegenden Mehrzahl der Fälle (und im sogenannten »Sollprozess«) wurden die Fahrzeuge direkt an ihre Filiale geliefert. Als Fälle auftraten, in denen eine Lieferung an einen anderen Ort nötig wurde, konnte dieser Sachverhalt im System nicht adäquat abgebildet werden. Die kurzerhand erdachte »pragmatische« Lösung bestand darin, den Fahrzeugen in solchen Fällen zunächst den abweichenden Ort als Filiale zuzuweisen und ihn bei Auslieferung dann zu ändern. Da dies durch die Nutzer regelmäßig vergessen wurde, wurde das Feld `filialeTemporaer` nötig, das gewissermaßen als To-do fungierte: Dieses Fahrzeug muss nach Lieferung der tatsächlichen Filiale zugewiesen werden.[2]

Allerdings ist der resultierende Prozess aufwendig, fehleranfällig und vor allem bildet die nachträgliche Änderung der Filiale die Realität nicht ab: Die Filiale war schließlich immer dieselbe, nur der *Lieferort* war ein anderer. Die Schwierigkeit ist oft, dass Nutzer beginnen können, in den Begriffen und Prozessen ihrer IT-Systeme mit all deren Limitationen zu denken. Daher verweisen DDD-Experten gerne auf den »Papierprozess« (der häufig in dieser Form gar nicht existiert) als Referenz.

Wenn wir nun aber genauer hinsehen, stellen wir fest, dass die Ursache für das Problem nicht die Einführung des Boolean-Flags war, sondern der Umstand, dass eine semantische Verknüpfung von Filiale und Lieferort geschaffen worden war, die in der Realität nicht bestand. In modallogischer Terminologie formuliert, besteht das Problem darin, dass es nicht *notwendig* der Fall ist, dass die Filiale eines Fahrzeugs auch sein Lieferort ist. Die Folge war eine semantische Uneinheitlichkeit des Felds `filiale`: Dieses enthielt *bis zur Auslieferung* den Lieferort und anschließend die tatsächliche Filiale. Dass dies kein semantisch einheitliches Feld ergibt, überrascht nicht.

Klassen und Entitäten

Nun hätte man das Problem des letzten Abschnitts auch anders lösen können als durch Einführung eines manuellen Prozesses und einer Boolean-Variablen zu seiner Unterstützung. Eine – ein wenig – korrektere Modellierung hätte etwa aussehen können wie die in Abbildung 4–7.

[2] Es sind Modellierungsaufgaben dieser Art, die sich Entwicklern häufig stellen, weil sie oft gar nicht erst als solche erkannt und als »Implementierungsdetails« verkauft werden. Gerade provisorische Lösungen, die für vermeintlich exotische Sonderfälle geschaffen werden, weisen aber häufig auf fundamentale Schwächen im vorliegenden Modell hin.

Abb. 4–7
UML-Diagramm der verdoppelten Fahrzeug-Filiale-Relation

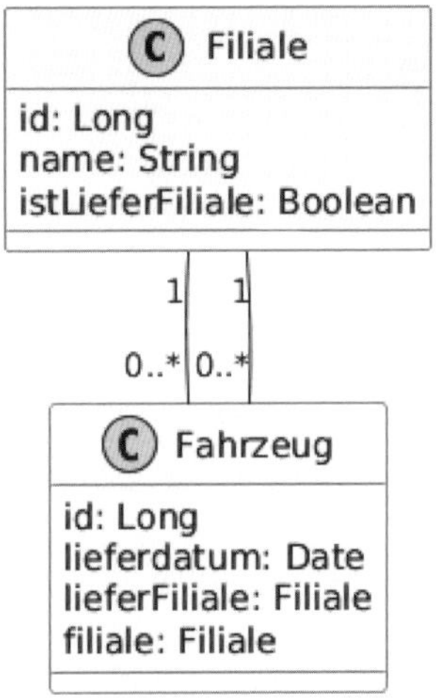

Wie man sieht, wurde das semantisch uneinheitliche Feld `filiale` in zwei Felder geteilt, was tatsächlich die semantische Uneinheitlichkeit des »Felds« beseitigt hat. Ein Fahrzeug hat nun eine `filiale`, zusätzlich aber eine kuriose Eigenschaft namens `lieferFiliale`. Bereits der Name weist darauf hin, dass die semantische Uneinheitlichkeit womöglich nur verschoben wurde. Ein weiterer Indikator ist erneut das neu hinzugekommene Boolean-Flag in der Klasse `Filiale`. Unsere Nachfragen hätten hier ergeben, dass man unserem Rat, die Felder semantisch einheitlich zu gestalten, mit gutem Erfolg gefolgt sei. Die einzige Schwierigkeit, die sich dabei ergeben habe, sei nun, dass unglücklicherweise nicht alle Orte, an die Fahrzeuge geliefert werden könnten, *überhaupt Filialen* seien. Beispielsweise würden Fahrzeuge oft einfach zu Händlern geliefert und dort abgeholt. Diese Händler hatte man nun kurzerhand im System als Filialen angelegt, um sie als »Liefer-Filialen« der Fahrzeuge erfassen zu können. Dadurch tauchten sie nun andernorts in Filial-Listen auf, was zu Irritationen führte. Das Boolean-Flag war eingeführt worden, um diese synthetischen »Liefer-Filialen« wieder herausfiltern zu können.

Diese Geschichte mag wie eine Slapstick-Einlage wirken, doch wird mancher leidgeprüfte Entwickler gerade resigniert nicken: Diese Geschichte ereignet sich jeden Tag in der einen oder anderen Form.

Analysieren wir die neugeschaffene Situation, springt die semantische Uneinheitlichkeit auf einer neuen Ebene ins Auge: Die Entität `Filiale` selbst ist semantisch uneinheitlich. Es wurden Dinge als Filialen modelliert, die in Wirklichkeit »Lieferorte« waren. Dabei wurde erneut eine notwendige Bedingung vorausgesetzt: Wenn ein Fahrzeug nicht immer an *seine* Filiale geliefert wird, dann muss es doch *notwendig* an *irgendeine* Filiale geliefert werden, oder anders ausgedrückt: Alle Lieferorte sind notwendig auch Filialen. Es mag sogar zum Zeitpunkt der Modellierung der Fall gewesen sein, dass alle Lieferorte Filialen waren – notwendig war das wahrscheinlich noch nie und eine Nachfrage hätte ergeben, dass es »natürlich schon vorstellbar« wäre, dass Fahrzeuge auch einmal an einen anderen Ort geliefert würden. Es sind solche Abweichungen von Sollprozessen, an denen man sich oft entlanghangeln kann, um zwischen nur faktischen und notwendigen Sachverhalten zu unterscheiden. Man muss hier allerdings noch einmal betonen, dass man dabei nicht über das Ziel hinausschießen darf: Es lässt sich nicht jede beliebige Eventualität in einem IT-System abbilden und selbst wenn das möglich wäre, wäre es einfach zu teuer.

In diesem Fall liegt nun also eine semantische Uneinheitlichkeit auf Klassenebene vor. Ein verbessertes Modell könnte daher aussehen wie in Abbildung 4–8.

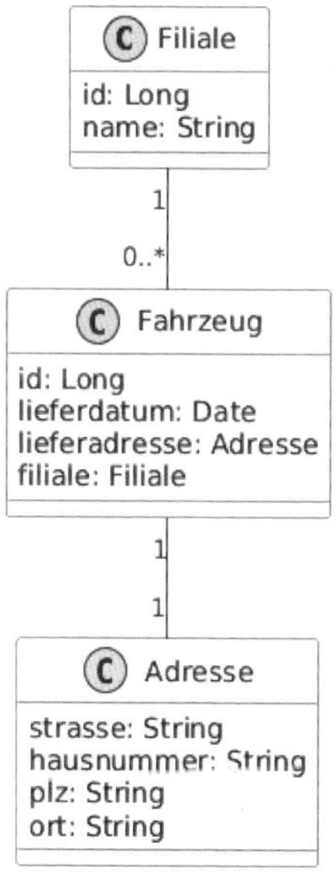

Abb. 4–8
UML-Diagramm der verbesserten Fahrzeug-Filiale-Relation

In diesem Modell wird der Sachverhalt abgebildet, dass Fahrzeuge eine Filiale und einen Lieferort haben und dass diese weder auf Eigenschafts- noch auf Entitätsebene miteinander korreliert sind: Die Filiale eines Fahrzeugs ist nicht sein Lieferort und es sind nicht einmal alle Lieferorte auch Filialen. Darüber hinaus trägt das Modell dem Umstand Rechnung, dass im Grunde ein Fahrzeug an so ziemlich jeden Ort geliefert werden kann. Der Lieferort ist daher als »Adresse« abgebildet worden. Dabei handelt es sich um ein sogenanntes **Value**

Object, also um ein Objekt, das anstelle von Primitivtypen tritt, selbst aber nicht den Status einer Entität gewinnt (und daher auch keine Identität besitzt).[3] Da in vielen Fällen die Adresse dennoch die einer Filiale sein wird, handelt es sich hier erneut um einen Fall von *Denormalisierung* (vgl. Abschnitt 4.6).

»Bounded Contexts«

*Die Identifikation sinnvoller Kontextgrenzen ist die Aufgabe des **strategischen Designs**.*

Die obige Lösung ist nun wohl bereits gut genug, um mittelfristig tragfähig zu sein. Ob sie es auch langfristig wäre, hängt stark von der Komplexität der Domäne ab. Manchem mag auffallen, dass sich noch ein letzter Rest der semantischen Uneinheitlichkeit in der Klasse »Fahrzeug« erhalten hat: Sie fasst Informationen aus völlig voneinander losgelösten Kontexten zusammen. Das kann in simplen Domänen – und je nach Use Case – völlig in Ordnung sein, sollte aber auch dazu führen, zu hinterfragen, ob hier nicht zwei verschiedene Aspekte des Fahrzeugs miteinander verschmolzen wurden, die man sowohl um semantischer Einheitlichkeit willen als auch aus Gründen der Komplexitätsreduktion besser getrennt hätte. Man spricht im DDD hier von **Bounded Contexts**. Das Fahrzeug tritt in zwei Kontexten auf: im Kontext »Bestellung (mit Auslieferung)« und dem Kontext »Einsatz«. Es kann daher sinnvoll sein, diese Kontexte auf Modell- und vielleicht auch auf Deployment-Ebene zu trennen.

Abb. 4–9
UML-Diagramm von zwei Fahrzeugen

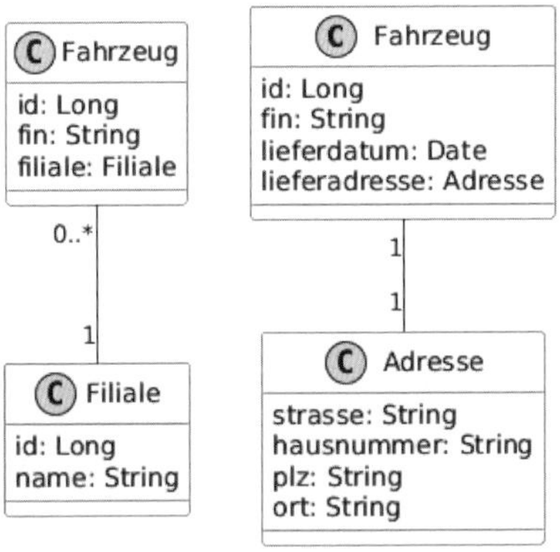

[3]In der Praxis würde die Adresse daher meist nicht in einer separaten Tabelle gespeichert und dann gejoint, sondern »eingebettet« werden.

In Abbildung 4–9 wurde diese Konsequenz gezogen. Die beiden Fahrzeug-Entitäten bilden zwar dasselbe realweltliche Objekt ab, aber unter zwei verschiedenen *Aspekten*, die in verschiedenen Subdomänen behandelt werden.[4] Da diese Subdomänen annähernd keine Überschneidungen miteinander haben, bietet es sich an, sie völlig voneinander zu entkoppeln und das gemeinsame Fahrzeug nur noch über einen gemeinsamen fachlichen Schlüssel (hier die `fin`, die »Fahrzeugidentifikationsnummer«) miteinander zu verknüpfen. Die daraus resultierende Trennung der Objektgeflechte erlaubt es zugleich, die Subdomänen in unabhängig voneinander deploybaren und weiterentwickelbaren **Microservices** zu implementieren. Dies ist der Grund, weshalb so oft auf die Verbindung von DDD und der Implementierung von Microservices hingewiesen wird: Servicegrenzen an (Sub-) Domänengrenzen zu schneiden, ist der einzige Weg, deren komplexitätsreduzierende Wirkung zu garantieren. Microservices *erzeugen* Komplexität und nur wenn sie zugleich in höherem Maße auch Komplexität reduzieren, werden sie insgesamt einen vorteilhaften Effekt haben. Schneidet man allerdings Microservices quer zu Domänengrenzen werden diese so viele Abhängigkeiten voneinander haben, dass dadurch das Chaos nur auf viele Container verteilt (und damit womöglich noch verschlimmert) wird.

Identifiziere semantisch einheitliche Konzepte und bilde diese ebenso einheitlich im Code ab.

[4] Ein häufiger Fehler im Schnitt von Microservices besteht darin, die Zuständigkeit für die *Objekte selbst* disjunkt zwischen den Services aufzuteilen. So könnte hier etwa ein Service für die noch nicht ausgelieferten und einer für die ausgelieferten Fahrzeuge zuständig sein. Dies schneidet quer durch die tatsächliche Fachlichkeit. Der Abstraktionsschritt, das Fahrzeug *unter verschiedenen Aspekten* zu betrachten und anhand dieser die Services zu schneiden, ist unerlässlich, sollen die Services der Fachlichkeit dienen.

4.5 Antipattern: Compound Entity

Das nächste Antipattern ist gewissermaßen die vertikale Variante des »Typed-Entity«-Antipatterns (siehe Abschnitt 3.5). Während jenes (auf der »horizontalen Ebene«, vgl. Abbildung 4–10) dadurch zustande kommt, dass zwei eigentlich getrennte Entitäten fälschlicherweise als zwei »Ausprägungen« derselben Entität angesehen werden, besteht das »Compound Entity«-Antipattern darin, zwei Entitäten als *Teile* einer Entität zu betrachten (vgl. Abbildung 4–11). Beides verstößt letztlich auch gegen semantische Einheitlichkeit – was zeigt, wie zentral dieses Prinzip ist.

Abb. 4–10
Typed Entities

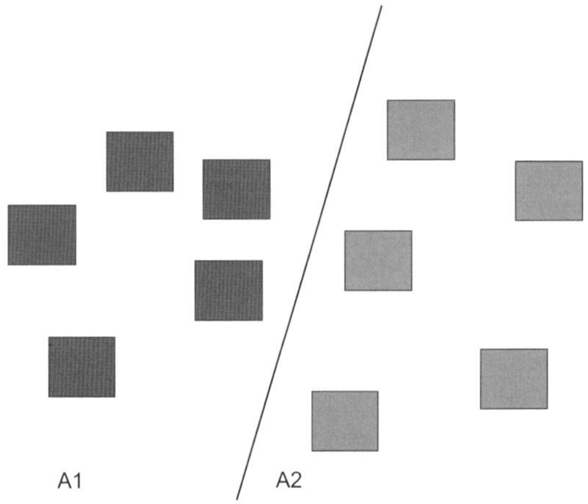

Abb. 4–11
Compound Entities

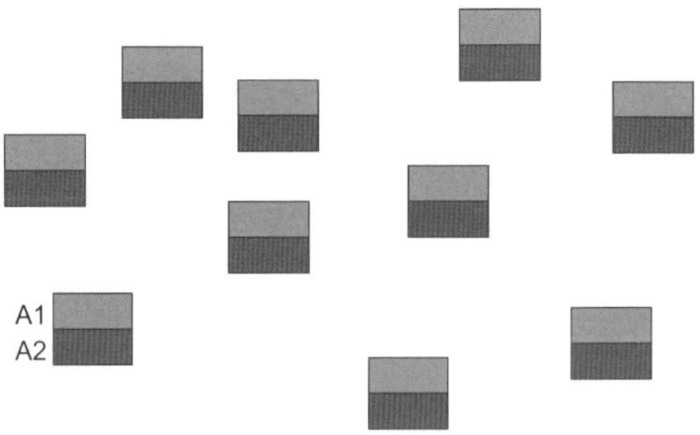

Die Analyse von Compound Entities folgt letztlich einem alten Witz: Als Michelangelo gefragt wurde, wie er die beeindruckende Statue eines Löwen geschaffen habe, antwortete er: »Das war einfach. Ich habe einfach alles weggeschlagen, was nicht nach Löwe aussah.« Das erforderliche Vorgehen ist hier ähnlich. Betrachten wir zum Beispiel die Entität in Abbildung 4–12. Modelliert wurden die Fahrzeuge der Caravaggio Leasing und wieder einmal wirkt das Modell auf den ersten Blick zumindest nicht völlig kontraintuitiv. Ein Fahrzeug hat einen Hersteller, einen Kilometerstand, ein amtliches Kennzeichen und ein Zulassungsdatum. Allerdings weisen schon die verdächtigen Trennlinien innerhalb der Eigenschaften auf eine Untergruppierung hin, die nicht unmittelbar verständlich ist. Analysiert man weiter, stößt man auf die Eigenschaft `herstellerLautFahrzeugbrief`. Hintergrund ist offenbar, dass der Hersteller, der im Feld `herstellerId` referenziert ist, eine Entität im System ist, die nicht *notwendig* mit dem übereinstimmt, was im Fahrzeugbrief steht. Auch diese Duplizierung stellt eine Art von »smoking gun« dar – und verweist bereits darauf, welche Entität hier in das Fahrzeug eingeschmolzen wurde: seine »Zulassungsbescheinigung«. Dies ist nicht auf den ersten Blick ersichtlich, weil es durchaus nicht zwangsläufig falsch ist, das Kennzeichen eines Fahrzeugs als eine seiner Eigenschaften abzubilden. Doch wird dies problematischer, wenn plötzlich sehr viele – oder gar alle – Felder der amtlichen Zulassungsbescheinigung als Eigenschaften des Fahrzeugs auftauchen. Spätestens, wenn es innerhalb des Systems nötig wird, zwischen dem Hersteller und dem »Hersteller laut Fahrzeugbrief« zu unterscheiden, liegt der Gedanke nahe, es könnte sich bei dem Fahrzeug inzwischen um eine nicht mehr aus einem Stück bestehende Entität handeln. Um zumindest die Realität möglichst nahe abzubilden, kann es sich dann lohnen, die Zulassungsbescheinigung aus dem Fahrzeug »herauszuschlagen«. Es gibt jedoch auch einen praktischen Grund, der einmal mehr illustriert, wie nahe Implementierungs- und Modellierungsfragen beieinander liegen.

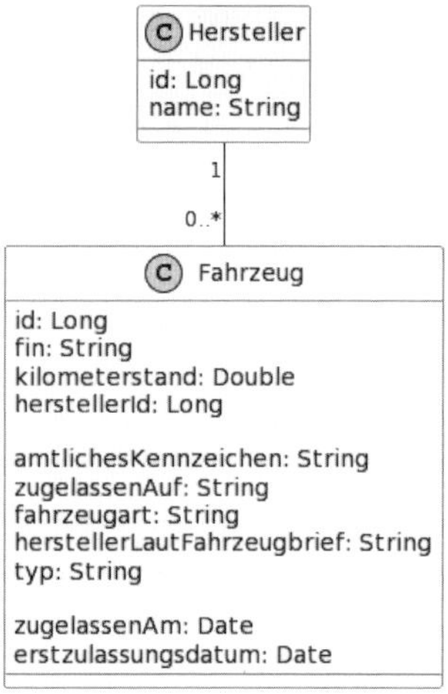

Abb. 4–12
UML-Diagramm einer Compound Entity

Bilden wir einmal die Klasse in Code ab:

Listing 4.10
Compound Entity in Code

```
data class Fahrzeug(
  val id: Long,
  val fin: String,
  val kilometerstand: Double,
  val herstellerId: Long,

  val amtlichesKennzeichen: String?,
  val zugelassenAuf: String?,
  val fahrzeugart: String?,
  val herstellerLautFahrzeugbrief: String?,
  val typ: String?,

  val zugelassenAm: Date?,
  val erstzulassungsdatum: Date?
)
```

☕ Kaffeepause 8

Was sieht in diesem Modell nicht nach Löwe aus?

Was Kotlin-Enthusiasten hier unmittelbar zuwider wäre, ist die inflationäre Anzahl von Fragezeichen, d.h. von *nullable fields*. Ein Feld *nullable* zu erklären, ist natürlich nicht in sich falsch. Die Frage ist, ob die entsprechende Eigenschaft tatsächlich realweltlich »unbestimmt« sein kann. Im obigen Code ist beispielsweise das Feld `amtlichesKennzeichen` *nullable*. Das hat einen fachlichen Grund: Nicht jedes Fahrzeug ist zu jedem Zeitpunkt überhaupt *zugelassen*. Ein Fahrzeug, das noch nicht oder nicht mehr zugelassen ist oder gar keine Zulassung benötigt, weil es sich um einen Gabelstapler handelt, hat daher auch kein amtliches Kennzeichen und im selben Zug auch keinen `herstellerLautFahrzeugbrief` etc. Die Felder alle *nullable* zu deklarieren, ist damit in gewisser Weise folgerichtig. Nun ist natürlich einerseits das Auftreten so vieler nullbarer Felder an sich unschön, doch liegt ein viel schwerwiegenderes Problem in folgendem Umstand: *Wenn* ein Fahrzeug zugelassen ist, *dann* sind all diese Felder notwendig bestimmt. Wir würden dann auch gerne die Felder nicht *nullable* deklarieren, doch ist das im obigen Beispiel nicht möglich. Es wird uns nichts weiter übrig bleiben, als manuelle Validierungen zu implementieren.

Betrachten wir nun dagegen das Modell, das herauskommt, wenn wir alles wegschlagen, was nicht nach Löwe aussieht (siehe Abbildung 4–13).

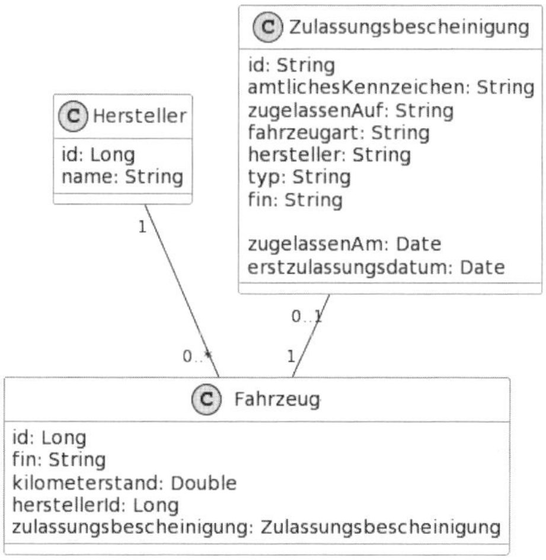

Abb. 4–13
UML-Diagramm nach Extraktion der Compound Entity

Im Code ergibt sich dann:

Listing 4.11
Code nach Extraktion der Compound Entity

```
data class Fahrzeug(
  val id: Long,
  val fin: String,
  val kilometerstand: Double,
  val herstellerId: Long,
  val zulassungsbescheinigung: Zulassungsbescheinigung?,
)
```

Was unmittelbar auffällt, ist, dass sich unser *Nullability*-Problem von selbst gelöst hat! Im neuen Modell ist es zwar möglich, dass ein Fahrzeug gar keine Zulassungsbescheinigung hat – *wenn* es aber eine hat, dann sind auch die enthaltenen Felder alle befüllt.

Es ist interessant, an dieser Stelle festzustellen, dass *Nullability* eine modallogische Aussage über das *notwendige* Vorhandensein von Informationen darstellt. Im ersten Modell in Abbildung 4–12 war es nicht *notwendig* wahr, dass das Feld `amtliches Kennzeichen` befüllt war, sondern nur unter bestimmten Bedingungen. Im zweiten Modell (siehe Abbildung 4–13) hat sich das geändert: Dieses Feld ist für alle existierenden Zulassungsbescheinigungen notwendig befüllt.

Ebenso interessant ist, was aus der obskuren Eigenschaft `herstellerLautFahrzeugbrief` geworden ist: Diese ist nun schlicht die (primitive) Eigenschaft `hersteller` der Entität `Zulassungsbescheinigung`.

Zuletzt fällt bereits beim Betrachten des Diagramms auf, dass sich das Modell, obwohl es mehr Pfeile enthält, auf eine merkwürdige Art auch vereinfacht hat: Die Unterteilung der Entität hilft beim Nachdenken über die Domäne. Man *kann* die Eigenschaften der Zulassungsbescheinigung als Eigenschaften des Fahrzeugs sehen (1:1-Beziehungen sind grundsätzlich einbettbar), aber die Auftrennung macht klar, dass es sich dabei *im Grunde* um zwei verschiedene Dinge handelt. Die Auftrennung reichert das Modell um Informationen über die Welt an und beantwortet damit manche potenzielle Fragestellungen geradezu automatisch. Man stelle sich beispielsweise vor, die entsprechende Zulassungsbescheinigung wäre *fälschlich* erfasst worden. Im ersten Modell würde die notwendige Korrekturoperation darin bestehen, eine große Menge von Feldern auszunullen, und diese Operation müsste jedes Mal angepasst werden, wenn ein neues

Feld hinzugefügt würde. Im zweiten Modell besteht die Korrekturoperation schlicht im Löschen einer fälschlich erfassten Entität. Die Frage, ob ein neues Feld zur einen oder zur anderen Entität gehört, muss natürlich dann zwangsläufig vor (oder bei) der Implementierung geklärt werden (und das kann Aufwand erfordern). Aber diese Entscheidung codiert Informationen über die Welt und trägt damit einen inhärenten Eigenwert, der sich über kurz oder lang auszahlen wird.

Natürlich muss umgekehrt nicht jedes Feld, das irgendwie als Eigenschaft einer »enthaltenen« Entität verstanden werden kann, sofort ausgegliedert werden – auch hier ist Augenmaß erforderlich. Letztlich handelt es sich dabei aber einmal mehr um den Kern des DDD[5]: ein semantisch korrektes Abbild der Welt zu schaffen.

Alles wegschlagen, was nicht nach Entity aussieht!

4.6 Pattern: (De-)Normalisierung

Eines der schwierigsten Themen in der Modellierung von Entitäten ist die *Normalisierung* von Daten. Zugleich steht dieses Thema in sehr engem Zusammenhang mit der modallogischen Auffassung von DDD, wie wir noch sehen werden. Der Grund, weshalb Normalisierungsfragen oft schwer zu entscheiden sind, liegt darin, dass es mehrere Faktoren gibt, die dafür ausschlaggebend sein können, und welcher Faktor in einer bestimmten Situation sich als der wichtigste herausstellen wird, lässt sich manchmal nur mit einiger Erfahrung (oder gar nicht) voraussehen.

Was ist mit Normalisierung gemeint?

Zunächst müssen wir klären, was mit »Normalisierung« gemeint ist. Der Begriff wird häufig etwas unpräzise verwendet, um Tätigkeiten zu bezeichnen, die uns hier *nicht* beschäftigen, nämlich die »Vereinheitlichung« von Daten. Wenn man etwa führende Leerzeichen in Textspalten entfernt, Umlaute durch ASCII-Zeichen ersetzt, Zahlen mit führenden Nullen auf eine feste Länge bringt oder Messwerte auf eine gemeinsame Einheit umrechnet, handelt es sich um sehr verschiedene Tätigkeiten, die alle damit zu tun haben, Daten auf eine Art von »Normalform« zu bringen. Uns geht es hier jedoch um einen

[5]Soweit es dieses Kapitel betrifft …

anderen Begriff von Normalisierung, der insbesondere im Zusammenhang mit relationalen Datenbanken verwendet wird. Dort spricht man von (erster, zweiter etc.) *Normalform*, wenn Daten in bestimmter Weise »wohlgeformt« sind. Die Definitionen dieser Normalformen auswendig zu lernen, führt in der Praxis nicht sehr weit, und ohne der theoretischen Informatik zu nahe treten zu wollen, kann man dem praktisch arbeitenden Softwareentwickler empfehlen, diese Definitionen getrost auf sich beruhen zu lassen.

Von geradezu entscheidender Bedeutung ist es aber, sich mit der zugrunde liegenden Problematik so vertraut zu machen, dass *denormalisierte* Daten und dazugehörige Modelle unmittelbar ersichtlich werden. Betrachten wir einmal die Tabelle 4–2, um uns die Problematik zu vergegenwärtigen.

POS_ID	KUNDE_ID	PRODUKT_ID	PRODUKT_BESCHREIBUNG	KALORIEN
1	8	77	»Chicken Tikka Masala«	1200
2	6	12	»Paneer Pakora«	400
3	7	8	»Onion Bhaji«	300
4	5	77	»Chicken Tikka Masala«	1200
5	3	77	»Chicken Tikka Masala«	1200
6	0	6	»Naan«	500
7	9	12	»Paneer Pakora«	400
8	8	12	»Paneer Pakora«	500

Tab. 4–2
Beispieldaten – Bestellpositionen

Die Schwierigkeit besteht hier darin, dass die Tabelle Daten enthält, die sie im Grunde »nicht enthalten müsste«. Jede Zeile, deren PRODUKT_ID-Spalte den Wert 77 hat, wird die Beschreibung »Chicken Tikka Masala« und die Kalorienzahl 1200 haben müssen. Die Daten in den entsprechenden Zellen sind daher im besten Fall unnötig und könnten in einer separaten Tabelle vorgehalten werden. Bekanntlich spricht man bei solchen Duplizierungen von Daten von »Redundanzen« – und letztlich ist das Ziel der fortschreitenden Normalisierung von Daten, solche Redundanzen zu vermeiden.

Das Problem mit redundant vorgehaltenen Daten wird in den grau hervorgehobenen Zellen der Tabelle ersichtlich: Die Zeilen, die eine Bestellung von »Paneer Pakora« repräsentieren, müssten sich ähnlich wie die »Tikka Masala«-Zeilen verhalten – doch weicht die KALORIEN-Zelle von Position 8 von den anderen Zeilen mit »Paneer Pakora«-Bestellungen ab. Dies führt zu einer *Inkonsistenz* von Daten: Es liegen widersprüchliche Informationen über den Kaloriengehalt von Paneer-Käse vor. Zumindest auf den ersten Blick wirkt dies wie ein klarer Fehler und tatsächlich sind Datenredundanzen eine schier unerschöpfliche Fehlerquelle, was der Grund dafür ist, warum traditionell so viel Wert auf streng normalisierte Daten gelegt wird. Ob in der vorliegenden Tabelle die scheinbare Inkonsistenz allerdings tatsächlich auf einen Bug zurückzuführen ist und ob dementsprechend das zugrunde liegende Modell bereits fehlerhaft war, lässt sich nicht ohne Weiteres beantworten, wie gleich klar werden wird.

Eine Frage der Semantik

Zuvor sollten wir aber darauf hinweisen, dass es sich aus gewisser Perspektive bei Normalisierungsfragen in der Modellierung einmal mehr um eine modallogische Angelegenheit handelt. Wenn man die Problematik von Datenredundanz auf einen einfachen Nenner bringen will, findet man diesen in dem Umstand, dass die »denormalisierten« (d.h. redundant vorgehaltenen) Daten zwar gleich, *aber nicht notwendig gleich* sind. Beispielsweise könnte die Inkonsistenz im obigen Beispiel dadurch zustande gekommen sein, dass ein Fehler in der Kalorienzahl von Produkt 12 behoben wurde. Diese Änderung hat sich aber nicht nachträglich auf die bereits erfassten Bestellungen ausgewirkt. In diesem Fall würde es sich tatsächlich um einen Bug handeln, den das Modell zugelassen hat: Wenn Paneer eine bestimmte Kalorienzahl hat, dann müssen auch *alle* Bestellpositionen, die Paneer referenzieren, diese Kalorienzahl haben. Mehr noch: Sie müssen diese *notwendig* haben.

Möchte man dies in modallogischer Notation ausdrücken (und der an Logik nicht interessierte Leser kann dies gerne überspringen!), sähe das so aus:

$$\Box\forall x : Bx \Rightarrow Px$$
$$\therefore \Box\forall x : (Px \rightarrow Kx) \rightarrow (Bx \Rightarrow Kx)$$

Legende
Px: x ist eine Portion Paneer
Kx: x hat 400 Kilokalorien
Bx: x ist eine bestellte Portion Paneer
$\Box$: es ist notwendig der Fall, dass ...
$\therefore$ steht für »also« (Konklusion)

Wenn unser Modell also semantisch korrekt ist (d.h. wenn alle *bestellten* Portionen Paneer *notwendig* auch Portionen Paneer sind), dann wird es (notwendig) immer der Fall sein, dass, solange Paneer in unserer Welt 400 Kilokalorien hat (Beobachtungswissen), auch alle bestellten Positionen in unserem System 400 Kilokalorien haben werden. Unser System hat also keine Bugs.

Die Aussicht auf ein für alle Ewigkeit bugfreies System ist äußerst verlockend. Es stellt sich die Frage, warum man dann je vom Normalisierungsverfahren abweichen und sich durch redundante Daten Fehlerquellen einhandeln sollte. Unglücklicherweise ist – wie üblich – die Sache ein wenig komplizierter, als sie auf den ersten Blick scheint. Es gibt tatsächlich gute Gründe, Daten zu denormalisieren, und in diesen Fällen ist es sogar die Normalisierung, die die Fehler erzeugt.

Zeit

Einer der wichtigsten Gründe für Denormalisierung ist die *Zeit*. Normalisierung hat zur Folge, dass zwei Werte »notwendig« übereinstimmen. Dieser ein wenig altertümliche Begriff lässt sich interpretieren als »in allen möglichen Welten«, aber in einer anderen Interpretation lässt er sich auch verstehen als »zu jeder Zeit«. Nun kann es aber sein, dass zwar zu einem gegebenen Zeitpunkt zwei Werte immer übereinstimmen müssen, aber womöglich nicht zu zwei *unterschiedlichen Zeitpunkten*. Als Beispiel betrachten wir das Modell in Abbildung 4–14.

Man spricht dann von temporaler Logik.

Abb. 4–14
UML-Diagramm einer »normalisierten« Speisekarte

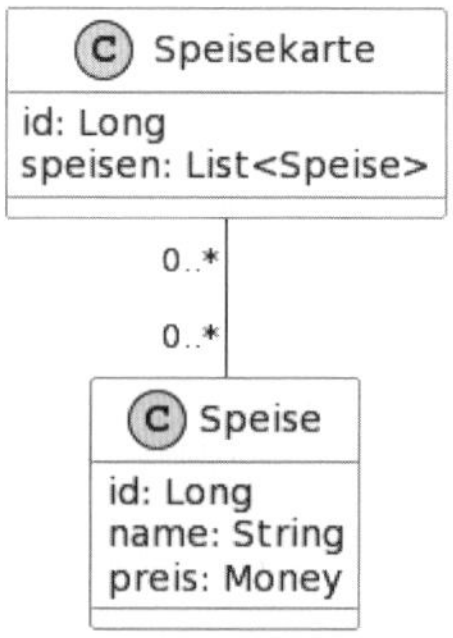

Es modelliert auf naheliegende Weise eine »Speisekarte«, die – als sogenannte **Aggregate Root** – eine Menge (ein **Aggregat**) von »Speisen« zusammenfasst. Jede dieser Speisen hat einen Preis, der als `Money`-Objekt abgebildet ist. Was nun auffällt, ist, dass die Kardinalität der Relation $n : m$ ist. Der Grund liegt auf der Hand: Es kann im Laufe der Zeit mehrere Speisekarten geben, etwa wenn unser fiktives Restaurant eine zusätzliche wechselnde Wochenkarte hat oder auch nur wenn aufgrund der Inflation die Preise adjustiert werden müssen.

Ein Aggregat ist eine Zusammenfassung von Entitäten, die miteinander konsistent gehalten werden müssen.

Nun liegt hier aber ein Problem: Die Preise sind eine Eigenschaft der Speisen, die in der Speisekarte referenziert werden. Wird der Preis einer Speise angepasst, ändert sich implizit der Preis dieser Speise auf *allen* Karten, die diese Speise enthalten. Das kann für »historische« Speisekarten irrelevant sein – korrekt ist es selbst dann nicht und kann für spätere Auswertungen unpraktische Konsequenzen haben. Spätestens aber, wenn die Preise bestimmter Speisen nur vorübergehend auf der Mittagskarte gesenkt werden, soll dies nicht den Preis auf der regulären Karte ändern. Die Speise jedoch nur aufgrund des Preisunterschieds zu duplizieren, wird ebenso viele ungewünschte Konsequenzen haben.

Die Lösung wird daher darin bestehen, den Preis der Speise zu *denormalisieren*, wie es in Abbildung 4–15 geschehen ist. Die Speise behält weiterhin ihre Eigenschaft `preis`, schließlich handelt es sich um eine echte Eigenschaft der Entität, die sich aus konkreten Berechnungen der Zutaten etc. ergibt und im Prinzip relativ stabil bleibt. Doch wird der Preis dieser Speise in die Entität `Speisekarteneintrag` dupliziert. Dies entkoppelt den »tatsächlichen« Preis der Speise von dem Preis, der auf einer konkreten Speisekarte aufgerufen wurde, und löst somit die Probleme, die sich aus Anpassungen über die Zeit ergeben.

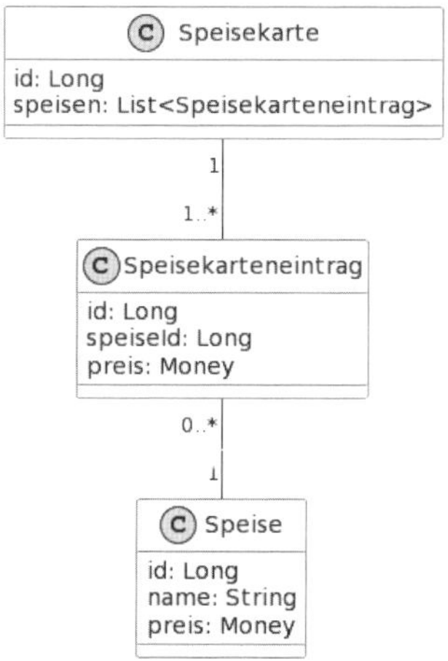

Abb. 4–15
UML-Diagramm einer »denormalisierten« Speisekarte

Auf den ersten Blick mag die Entität `Speisekarteneintrag` künstlich wirken, doch ergibt sie Sinn, wenn man sich klarmacht, dass eine – oder zumindest diese – Speisekarte eben kein abstraktes Aggregat von Speisen ist, sondern eine sehr konkrete Entität, die eine bestimmte Zusammenfassung von Speise-Angeboten zu einem bestimmten Zeitpunkt beschreibt. Es ist sehr wahrscheinlich, dass die Entität `Speisekarte` auch eine Eigenschaft `datum` hätte, und spätestens hier wird klar, weshalb die Beseitigung der augenscheinlichen »Redundanz« unerwünschte Effekte hätte: Sie würde den Umstand kaschieren, dass das System zeitliche Änderungen zulässt.

Kontrafaktualität

Ein sehr verwandter Grund für Denormalisierung besteht in dem Umstand, dass es oft wichtig ist, im Nachhinein nachzuvollziehen, dass im System bestimmte Daten zu einem bestimmten Zeitpunkt *falsch* erfasst waren. Es handelt sich dabei um eine Abweichung vom sogenannten »Happy Path« und viele Fehler in der Modellierung entstehen aus der Vernachlässigung solcher Abweichungen. Wenn ein bestimmter Datensatz zu einem Zeitpunkt falsch im System vorlag und dann zur Entscheidungsgrundlage für weitere Ereignisse geworden ist, kann es sehr wichtig sein, dass die *Korrektur* dieser Daten nicht rückwirkend etwaige abgeleitete Entitäten ändert. Angenommen, im obigen Beispiel wäre der Preis für ein Gericht auf der Speisekarte »falsch« angegeben und zur Grundlage einer Instanz der Entität `Bestellposition` geworden, d.h., ein Kunde hätte das Gericht zum »falschen« Preis bestellt. Hier wäre es einmal mehr wichtig, den Preis in die Bestellposition zu denormalisieren. Andernfalls würde eine Anpassung der Speisekarte rückwirkend die Bestellungen der Kunden verändern, was bei der nächsten Buchprüfung fatale Folgen nach sich ziehen würde. Ein zweiter Grund für Denormalisierung ist also *Kontrafaktualität*, das Vorliegen falscher Daten im System, die jedoch nicht einfach restlos getilgt werden dürfen.

Realität

Ein dritter Grund für Denormalisierung besteht darin, dass bereits in der realen Welt Dinge existieren, die aus einem informationstheoretischen Blickwinkel redundant wirken. Wir hatten bereits das Beispiel der »Zulassungsbescheinigungen« besprochen (siehe Abbildung 4–13). Zulassungsbescheinigungen sind realweltliche Dinge – sie bestehen aus Papier, haben einen Aufenthaltsort etc. Auf solchen Bescheinigungen sind nun Informationen notiert, bei denen es sich auf den ersten Blick um Eigenschaften des Fahrzeugs handelt, dessen Zulassungsbescheinigung wir gerade in der Hand haben. Auf den zweiten Blick sind das allerdings keineswegs *dieselben* Eigenschaften. Das wird schnell klar, wenn man sich überlegt, ob durch eine Änderung einer Eintragung in der Zulassungsbescheinigung sich automatisch auch die entsprechende Eigenschaft des Fahrzeugs ändert. Das ist nicht der Fall, weil in der Zulassungsbehörde keine Magier arbeiten. Die Eigenschaften der Zulassungsbescheinigung sind im Idealfall »deckungsgleich« mit denen des Fahrzeugs, aber es handelt sich jeweils schlicht nicht um *dieselbe* Eigenschaft.[6] Diese realweltliche Unterscheidung *kann* ein hinreichender Grund sein, die entsprechenden Daten im System »doppelt« vorzuhalten.

Wir können in diesem Kontext noch ein weiteres Beispiel heranziehen, das wir bereits betrachtet hatten, nämlich das aus Abbildung 4–8. Im dort modellierten System hatten Fahrzeuge Filialen, die *sehr häufig* auch als deren Lieferorte verwendet wurden – aber eben nicht immer. Die Möglichkeit dieser Abweichung ergibt sich schlicht aus dem Umstand, dass eine Filiale und ein Lieferort zwei verschiedene Dinge sind und es somit keinen notwendigen Zusammenhang zwischen ihnen gibt. Das Modell, das wir in Abschnitt 4.4 vorgeschlagen hatten, unterschied daher zwischen einer Referenz auf eine Filiale und einem Value Object, das die »Lieferadresse« abbildete. Die resultierenden Daten könnten etwa die in den Tabellen 4–3 und 4–4 sein.

FILIAL_ID	STRASSE	HAUSNUMMER	PLZ	ORT
1	»Große Freiheit«	7	22767	»Hamburg«
2	»Orleansstraße«	493	81667	»München«

Tab. 4–3 *Beispieldaten – Filialen*

FZ_ID	F_ID	L_STRASSE	L_NR	L_PLZ	L_ORT
1	2	»Orleansstraße«	493	81667	»München«
2	2	»Orleansstraße«	493	81667	»München«
3	1	»Große Freiheit«	7	22767	»Hamburg«
4	2	»Orleansstraße«	493	81667	»München«
5	2	»Orleansstraße«	493	81667	»München«
6	2	»Paul-Heyse-Straße«	1024	80336	»München«
7	2	»Orleansstraße«	493	81667	»München«

Tab. 4–4 *Beispieldaten Fahrzeuge mit Filial-Referenz und »denormalisiertem« Lieferort*

[6] Insbesondere in Abweichungen vom Happy Path kann das relevant werden, etwa wenn es darum geht, fehlerhafte Eintragungen und Abweichungen überhaupt erst zu identifizieren.

Bereits auf den ersten Blick fällt auf, dass sich sehr viele Daten wiederholen, d.h. sehr viele *Redundanzen* vorliegen. Dass es sich dabei aber nicht im strengen Sinn um Redundanzen handelt, zeigt die grau hervorgehobene Zeile: Der Zusammenhang zwischen Filiale und Lieferort ist ein wahrscheinlicher, aber durchaus kein notwendiger. In der Realität stimmen diese beiden Orte zwar sehr häufig überein – sie sind aber nicht »dasselbe«, daher legt hier der realweltliche Sachverhalt selbst die Denormalisierung nahe. Die Daten zu normalisieren, würde erneut zu so kruden Prozessen führen, wie wir sie bei der Einführung des Beispiels beschrieben hatten.

Technische und architekturelle Gründe

Weitere Gründe für Denormalisierung sind technischer und architektureller Natur. Im schlimmsten Fall tritt *höhere Gewalt* auf, etwa wenn die Fachseite auf Implementierung eines Excel-Imports dringt. Solche Anforderungen lassen sich nicht immer vermeiden und führen häufig zu Denormalisierungen im Datenmodell, da Excel-Tabellen so gut wie immer denormalisierte Daten enthalten. In solchen Fällen bleibt nicht viel anderes übrig, als zumindest zu versuchen, die zu importierenden Spalten zu minimieren und möglichst auf ein weitgehend normalisiertes Excel-Format hinzuwirken – was auch nicht immer möglich sein wird.

Häufig ist der Grund für Denormalisierung von Daten die *Performance* der Anwendung. Besonders oft tritt hier der Fall auf, dass eine Volltextsuche über Eigenschaften einer nur assoziierten Entität ermöglicht werden soll. Zum Beispiel könnte eine Anforderung lauten, es solle möglich sein, Fahrzeuge zu finden, deren Herstellername mit »Merc...« beginnt. Da der Hersteller »Mercedes« im System sehr wahrscheinlich eine Entität darstellen wird und Fahrzeuge nur eine Referenz auf den Hersteller halten werden, erfordert eine solche Suche in relationalen Datenbanken ein teures JOIN-Statement. Idealerweise kann der Use Case selbst hinterfragt werden, doch wird es regelmäßig gute Gründe dafür geben, eine solche Suche zu implementieren. Eine Lösung kann daher darin bestehen, den Namen des Herstellers in die Fahrzeug-Entität zu denormalisieren. Allerdings erzeugt dies enorme Komplexität, weil etwa die Konsequenzen bedacht werden müssen, wenn sich der Name des Herstellers *ändert*, da dies dann Updates aller denormalisierten Kopien erfordert. Letztlich handelt es sich um einen *Trade-off* zwischen Komplexität, Performance und Funktionalität. Unglücklicherweise gibt es keine Patentlösung für solche Trade-offs und jede Entscheidung wird negative Konse-

Eine Lockstep Calculation, vgl. Antipattern 4.3.

quenzen in einer Richtung haben. Die einzige Empfehlung, die man hier geben kann, ist, sich an der alten Maxime zu orientieren, dass »premature optimization is the root of all evil« (Donald E. Knuth). In keinem Fall sollte die Einfachheit des Modells der Performance geopfert werden, wenn dies nicht *unbedingt erforderlich* ist.

Auch im Schnitt von *Microservices* treten solche Trade-offs auf. In einer idealen Welt wäre es möglich, Microservices so scharf voneinander zu trennen, dass alle Daten nur in *einem* jeweils einschlägigen System vorliegen. In der Praxis ist das oft nicht möglich und dann muss man sich zwischen direkten Aufrufen der Quellsysteme (im traditionellen Stil der serviceorientierten Architektur (SOA)), geteilter Datenhaltung und Denormalisierung von Daten entscheiden. Ersteres geht zulasten der Performance, die geteilte Datenhaltung bricht die Kapselung der Microservices (und ist daher unbedingt zu vermeiden) und die Denormalisierung erfordert komplexe, meist asynchrone Datensynchronisierungsmechanismen. Auch in diesem Fall muss eine Abwägung zwischen verschiedenen negativen Konsequenzen vorgenommen werden und auch hier kann man keine allgemeine Empfehlung geben, die in jedem Fall richtig sein wird. Am ehesten möchte ich die Maxime nahelegen, sich nicht auf Dogmen festzulegen. Keine technische Lösung ist an und für sich das absolute Böse, und bisweilen kann es die richtige Entscheidung sein, eine allgemeine Architekturregel in einem spezifischen Kontext zu brechen, wenn es dafür gute Gründe gibt. Man sollte sich nur stets klar vor Augen halten, welchen Preis man dafür jeweils zahlt.

Eine letzte Anmerkung zu *nicht-relationalen Datenbanken* ist hier am Platz: Zwar entstammt die Terminologie der »Normalformen« der Untersuchung von relationalen Datenbanken und kann daher auf nicht-relationale Datenbanken nur »im übertragenen Sinn« angewandt werden, doch heißt dies nicht, dass es den entsprechenden Sachverhalt dort nicht gibt. Betrachten wir zum Beispiel die Tabelle 4–5, so ist leicht ersichtlich, dass alles, was wir oben zu dem entsprechenden relationalen Modell gesagt haben, auch hier gilt. Die Modellierungsfragen bleiben dieselben, auch wenn möglicherweise bestimmte Performance-Einschätzungen sich verändern und andere »Best Practice«-Empfehlungen aus rein technischer Perspektive gelten.

ID	DATA
1	{ »id«: 1, »filialId«: 2, »lieferort«: { »strasse«: »Orleansstraße«, »hausnummer«: 493, »plz«: 81667, »ort«: »München«}}
2	{ »id«: 2, »filialId«: 2, »lieferort«: { »strasse«: »Orleansstraße«, »hausnummer«: 493, »plz«: 81667, »ort«: »München«}}
3	{ »id«: 3, »filialId«: 1, »lieferort«: { »strasse«: »Große Freiheit«, »hausnummer«: 7, »plz«: 22767, »ort«: »Hamburg«}}
4	{ »id«: 4, »filialId«: 2, »lieferort«: { »strasse«: »Orleansstraße«, »hausnummer«: 493, »plz«: 81667, »ort«: »München«}}
5	{ »id«: 5, »filialId«: 2, »lieferort«: { »strasse«: »Orleansstraße«, »hausnummer«: 493, »plz«: 81667, »ort«: »München«}}
6	{ »id«: 6, »filialId«: 2, »lieferort«: { »strasse«: »Paul-Heyse-Straße«, »hausnummer«: 1024, »plz«: 80336, »ort«: »München«}}
7	{ »id«: 7, »filialId«: 2, »lieferort«: { »strasse«: »Orleansstraße«, »hausnummer«: 493, »plz«: 81667, »ort«: »München«}}

Tab. 4–5 *Beispieldaten – nicht-relationale Daten (Pseudodarstellung)*

Identifiziere Modellierungsentscheidungen, die zur Denormalisierung von Daten führen, und triff diese nur bewusst und nach Abwägung der Trade-offs!

Im vergangenen Kapitel haben wir uns auf eine Perspektive von DDD konzentriert, die sich mit der Semantik von Systemen und den daraus resultierenden *notwendigen Zusammenhängen* oder *fachlichen Invarianten* beschäftigt. Dies ist eine sehr zentrale Perspektive, doch ist sie nicht der einzige Blickwinkel, aus dem man DDD betrachten kann. Wir wollen uns daher im nächsten Kapitel mit einem alternativen Aspekt befassen, der keineswegs an die Stelle von Semantik, sondern vielmehr *daneben* tritt.

4.7 Literaturhinweise

- Historische Meilensteile der intensionalen Logik sind besonders [Frege 2008] sowie [Carnap 1988] und zur Mehr-Welten-Theorie [Kripke 2024]. Für eine technische Darstellung siehe etwa [Gamut 1990].

- Der Grundsatz »Make illegal states unrepresentable« wird in der Functional-Programming-Community häufig zitiert und dort regelmäßig Yaron Minski zugeschrieben, meist ohne Quellenangabe. Minski selbst bestätigte auf X (damals Twitter), zumindest die Formulierung aufgebracht zu haben.

- Die Elemente taktischen Designs behandelt neben Evans besonders Vaughn Vernon in [Vernon 2013], darin siehe für Services: S. 265 ff., Entitäten: S. 171 ff. und Value Objects: S. 219 ff.

- Zum Design von Bounded Contexts siehe besonders [Khononov 2022, S. 35 ff.] und auch [Lilienthal & Schwentner 2023, S. 26 ff.].

- Zum weiten Feld der Normalisierung existiert eine enorme Menge theoretischer Literatur, über die hier kein Überblick geboten werden kann. Zur Praxis (aus technischer Perspektive) siehe besonders [Kleppmann 2017, 33 f. und an vielen anderen Stellen]. Aus DDD-Perspektive sind hier weitere Gesichtspunkte zu betrachten, wie oben festgestellt wurde.

5 Fortgeschritten II: Konzeptuelle Räume

5.1 Kognitive Grundlagen der Konzeptbildung

In der Einleitung zum letzten Kapitel haben wir bereits angedeutet, dass es bei DDD vielleicht weniger um die Frage geht, wie die Welt »wirklich« ist, als vielmehr darum, wie sie von den Domänenexperten *konzipiert* wird. Ein Ansatz, der sich daraus ergab, war die Orientierung an der Semantik, denn Sprache bildet menschliche Konzepte ab und wirkt sich zugleich auf die Bildung solcher Konzepte aus. Ein weiterer Ansatz, der nun neben den semantischen treten kann, ist die Orientierung an der *kognitiven Grundlage* der Konzeptbildung: Woran machen wir fest, dass zwei Gegenstände unter dasselbe Konzept eingeordnet werden können? Ein hilfreiches Instrument ist dabei die Idee des »Konzeptuellen Raums«, die insbesondere Peter Gärdenfors entwickelt hat [Gärdenfors 2000]. Einen konzeptuellen Raum kann man sich vorstellen wie ein Koordinatensystem mit sehr vielen sogenannten »qualitativen Dimensionen«, wie etwa Dimensionen für Größe, Form, Farbe, Tonhöhe, Lautstärke, Temperatur, Härte etc. Einen gegebenen Gegenstand könnten wir dann auf jeder Achse dieses Koordinatensystems bewerten: So wäre ein Marienkäfer etwa relativ klein, nahezu rund und rot mit schwarzen Punkten. Dass er keine Tonhöhe aufweist, liegt daran, dass diese Dimension zu einer anderen *Domäne* gehört (vgl. [Gärdenfors 2000, S. 26]). Nun sind nicht alle Marienkäfer gleich geformt, nicht gleich rot und nicht einmal gleich groß. Daraus ergibt sich, dass das Konzept »Marienkäfer« nicht etwa einen einzelnen Punkt in unserem vieldimensionalen Raum beschreibt, sondern vielmehr eine ganze *Region* dieses Raums. Dies kann man sich so vorstellen, als gäbe es einen »prototypischen« Marienkäfer, der besonders typisch für dieses Konzept ist, und alle weiteren Gegenstände, die wir als Marienkäfer klassifizieren, lägen dann in einer »Wolke« (oder technischer: einer »konvexen Region«)

um diesen Prototyp (siehe Abbildung 5–1). So gibt es Marienkäfer, die geradezu orange sind, es gibt aber keine grünen Marienkäfer. Einige Millimeter Abweichung in der Größe können wir akzeptieren, aber ein zwei Meter großer Marienkäfer wäre kein Marienkäfer mehr und hätte vielmehr Ähnlichkeiten mit Godzilla.

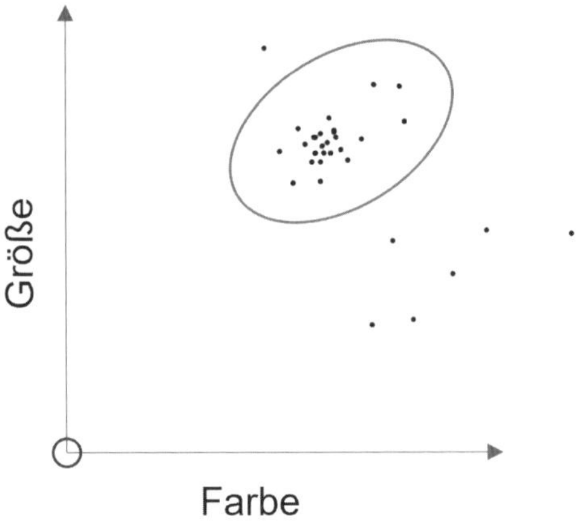

Abb. 5–1
Das Konzept »Marienkäfer« im konzeptuellen Raum

Wenn nun aber solche konzeptuellen Räume geeignet sind, die menschliche Konzeptbildung zu erläutern, und DDD dazu dient, solche Konzepte in Software zu gießen, liegt die Vermutung nahe, dass das Werkzeug der konzeptuellen Räume auch für die Modellierung hilfreich sein könnte. Um sich diesen Zusammenhang zu verdeutlichen, muss man darauf achten, dass die »Dimensionen« des konzeptuellen Raums gewissermaßen *Aspekte* von Objekten beschreiben. Man kann Gegenstände unter verschiedenen Gesichtspunkten betrachten und je nach Objekt sind manche Gesichtspunkte zentraler als andere. (Wie wir schon festgestellt hatten, macht es wenig Sinn, einen Marienkäfer unter dem Aspekt der Tonhöhe zu betrachten.) Will man nun ein Konzept in Software gießen, wird die Frage wichtig, *welche* Dimensionen relevant für die Abbildung eines bestimmten Gegenstands sind – und das insbesondere für den Kontext des vorliegenden IT-Systems. Letztlich findet bei der Abbildung von Konzepten in Software stets eine Art von Projektion statt, die viele realweltliche Dimensionen ausblendet, weil sie für das System nicht relevant sind. Im DDD geht es (diesmal) darum, herauszufinden, *welche* Dimensionen für den jeweiligen Kontext relevant sind. Ob etwa die *Farbe* eines Fahrzeugs für ein Modell bedeutsam ist, hängt vollständig davon ab, ob wir ein System für den Verleih von aufregenden Sportwagen oder für die Erfassung von Mautzahlungen bauen.

Wir gehen also in diesem Kapitel davon aus, dass es im DDD um die korrekte Wahl der relevanten qualitativen Dimensionen geht, in denen sich die Konzepte der Domänenexperten (und die darunter fallenden realweltlichen Objekte) darstellen lassen.

Das »2x2=3«-Pattern Revisited

Da auch die obige Charakterisierung sehr abstrakt klingt, ist es interessant, sich zu vergegenwärtigen, dass sich in dieser Terminologie Patterns neu formulieren lassen, die wir bereits in vorhergehenden Kapiteln kennengelernt haben. Erinnern wir uns an das »2x2=3«-Pattern: Dort hatten wir die Gefahr bemerkt, die darin liegt, zwei boolesche Eigenschaften zu modellieren, die nicht alle vier möglichen Zustände legal annehmen dürfen. Wenn wir diese booleschen Eigenschaften nun als *Dimensionen des konzeptuellen Raums* betrachten, ergibt sich eine sehr anschauliche Darstellung des Problems. In Abbildung 5–2 stellt die schraffierte Fläche die Region des zweidimensionalen Raums dar, die den illegalen Zustand repräsentiert. Die beiden booleschen Eigenschaften ergeben zwei unabhängige Dimensionen, die eine »Fläche« aufspannen und die illegale Kombination stellt einen Bereich dieser Fläche dar.

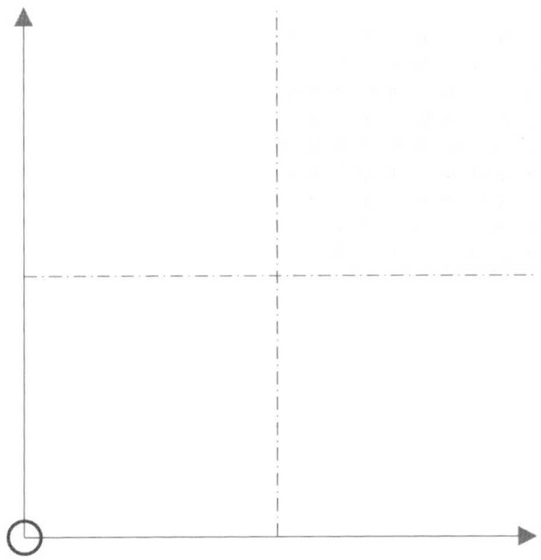

Abb. 5–2
»2x2=3« im zweidimensionalen Koordinatensystem

Solch eine Modellierung als Fläche mit illegaler Region ist natürlich nicht an sich falsch und ist in vielen Fällen völlig angemessen. Im Fall unseres »2x2=3«-Patterns lässt sich allerdings der Raum gewissermaßen in *eine* Dimension *kollabieren*, wie es in Abbildung 5–3 geschehen ist. Die drei verbliebenen legalen Werte lassen sich in eine definierte Reihenfolge auf einer *Gerade* bringen, wenn man sie wie in Abschnitt 3.2 als Statusmodell auffasst. Die erste Modellierung hatte über diesen Sachverhalt hinweggetäuscht und künstlich eine Dimension hinzugefügt.

Abb. 5–3
»2x2=3« kollabiert in eine Dimension

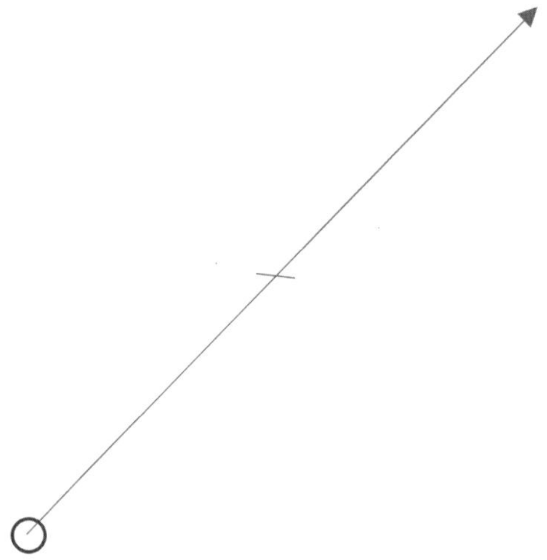

Dieses Experiment zeigt, dass sich viele Probleme des DDD als Fragen der Wahl eines geeigneten Koordinatensystems zur Beschreibung der Domänenobjekte begreifen lassen.

5.2 (Anti-)Pattern: Meaningful Key

In essence, Identity Field *is mind-numbingly simple. All you do is store the primary key of the relational database table in the object's fields.*

— Martin Fowler

Das im obigen Zitat erwähnte Pattern aus [Fowler 2003] ist so geläufig, dass es sich für die meisten Entwickler wie eine Selbstverständlichkeit anfühlen wird. Weniger selbstverständlich ist die Antwort auf die Frage, die Fowler anschließend aufwirft: *Welchen Schlüssel* sollte man verwenden? Fowler führt hier im Vorbeigehen eine zentrale Unterscheidung ein:

> The first concern is whether to use meaningful or meaningless keys. A **meaningful key** is something like the U.S. Social Security number for identifying a person. A **meaningless key** is essentially a random number the database dreams up that's never intended for human use. The danger with a meaningful key is that, while in theory they make good keys, in practice they don't. To work at all, keys need to be unique; to work well, they need to be immutable. While assigned numbers are supposed to be unique and immutable, human error often makes them neither. If you mistype my SSN for my wife's the resulting record is neither unique nor immutable (assuming you would like to fix the mistake). [...] As a result, meaningful keys should be mistrusted. For small systems and/or very stable cases you may get away with it, but usually you should take a rare stand on the side of meaninglessness. [Fowler 2003, S. 216 f.]

Die Unterscheidung, die infrage steht, ist also die zwischen »bedeutungsvollen« und »bedeutungslosen« Schlüsseln. Der Unterschied ergibt sich daraus, dass auch in der realen Welt bisweilen Eigenschaften existieren, die als Schlüssel für Objekte (oder Personen) verwendet werden. Diese eignen sich aber oft nur bedingt dafür, in IT-Systemen als Primärschlüssel verwendet zu werden.

Infrage steht also, ob ein Modell wie das folgende eine gute Idee ist oder nicht:

Listing 5.1 *FIN als Primärschlüssel*

```
data class Fahrzeug(
    @Id
    val fin: String,
    ...
)
```

Jedes Fahrzeug muss aus rechtlichen Gründen eine (sogar international eindeutige!) Fahrzeugidentifikationsnummer (FIN) haben, die per Definition unveränderlich ist. Auf den ersten Blick bietet es sich daher an, sie auch als ID-Feld unseres Modells zu verwenden. In der Praxis hat sich dies so häufig als Fehler erwiesen, dass man von dieser Idee nur entschieden abraten kann. Fowler bezieht sich im obigen Zitat auf typische Szenarien, in denen solche Schlüssel zum Problem werden: Fehlerszenarien etwa, in denen zwar in der Realität der Schlüssel eindeutig ist, in der Repräsentation des IT-Systems aber nicht. Neben solchen Problemen ergeben sich oft auch Schwierigkeiten daraus, dass die ID des Objekts bisweilen feststehen muss, *bevor* seine realweltliche ID existiert – etwa, wenn ein IT-System der Caravaggio Leasing sich mit der Bestellung von Fahrzeugen beschäftigt, die natürlich, wenn wir sie einmal erworben haben, eine eindeutige FIN haben werden, aber eben erst dann. Hinzu kommen enorme Probleme, wenn die entsprechende realweltliche ID zwar zu einem gegebenen Zeitpunkt eindeutig sein muss, aber nicht etwa historisch – etwa, wenn wir als ID des Fahrzeugs sein Kfz-Kennzeichen verwenden würden. All diese Probleme sind in der Praxis so oft aufgetreten, dass man den Hinweis nur immer wiederholen kann, *niemals* fachliche Schlüssel als technische Primärschlüssel zu verwenden.

Nun muss man allerdings in den Zeiten moderner Microservice-Systeme diesem altbekannten Rat einige Sätze hinzufügen. Zwar bleibt es uneingeschränkt bei der obigen Regel, es kommen jedoch dort Situationen auf, in denen fachliche Schlüssel eine neue Bedeutung erhalten. So kann es sein, dass die Entität `Fahrzeug` in zwei unterschiedlichen *Bounded Contexts* auftritt, die möglichst weitgehend voneinander entkoppelt werden sollen. Wenn etwa eine Domäne mit der Bestellung von Fahrzeugen und eine andere mit der Terminplanung rechtlich vorgeschriebener Abgasuntersuchungen von Fahrzeugen befasst ist, dann werden beide Domänen eine Entität `Fahrzeug` kennen. Nun *kann* es sinnvoll sein, diese beiden Fahrzeuge über eine ID-Referenz aneinander zu koppeln, doch *muss* es das durchaus nicht. Unter anderem sind folgende Szenarien denkbar:

- Die Fahrzeuge entstammen einer gemeinsamen Datenquelle und tragen daher in beiden System *dieselbe* technische ID.
- Die Fahrzeuge tragen jeweils eigene technische IDs, die ihnen durch die jeweilige Domäne zugewiesen wurden. Ein Service kennt aber auch die ID, die das entsprechende Fahrzeug in der anderen Domäne trägt, um auf dieses in der Kommunikation *referieren* zu können.
- Die Fahrzeuge tragen jeweils eigene technische IDs und zur Kommunikation zwischen den Services wird ein *fachlicher* Schlüssel verwendet.

Das Problem, das die beiden ersten Lösungen mit sich bringen, besteht darin, dass es die Domänen verhältnismäßig eng aneinander koppelt. Zunächst erfordert ein Teilen der Fahrzeugdaten oder zumindest der Fahrzeug-IDs zwischen den Services einiges an Kommunikation. Es müssen Schnittstellen und Protokolle definiert sein, es gibt bekannte Trade-offs zwischen synchroner und asynchroner Kommunikation, Verfügbarkeiten von Nachbarsystemen werden wichtig und die redundante Datenhaltung erzeugt nicht zu unterschätzende Komplexitäten. Aus einer anderen Perspektive sind Gestalt und Algorithmus der technischen ID zunächst ein domäneninternes Implementierungsdetail, das so lange leicht anpassbar ist, wie die IDs keinen öffentlichen Charakter erhalten. Zuletzt kommt hinzu, dass solche Lösungen zu Problemen führen, wenn die Bestände an Entitäten (hier: Fahrzeugen) in den verschiedenen Bounded Contexts nicht zwangsläufig deckungsgleich sind (was häufig der Fall ist).

Es *kann* daher sinnvoll sein, zur Kommunikation über die Grenzen von Bounded Contexts hinweg fachliche Schlüssel zu verwenden. Im resultierenden Modell (wie in Abbildung 5–4) verwalten die Domänen stets ihre eigenen Entitäten, denen sie auch ihre eigenen Identitäten zuweisen. Zur Kommunikation (insbesondere von **Domain Events**) werden fachliche Schlüssel verwendet – wie im obigen Beispiel die FIN. Dies entkoppelt die Domänen sehr weitgehend. Natürlich führt dies zugleich eine neue Form von Komplexität ein, weshalb auch hier im Einzelfall abzuwägen ist, welches das größere Übel ist.

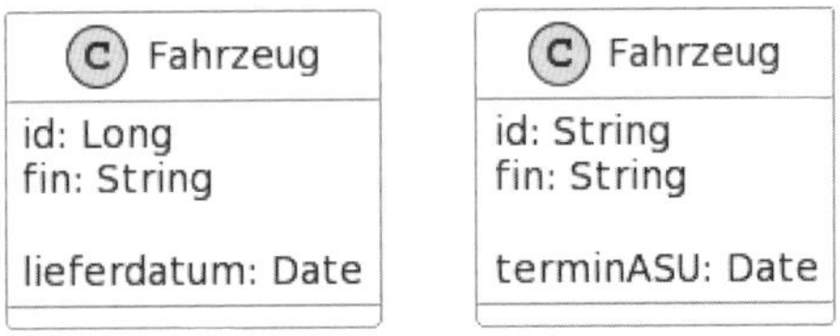

Abb. 5–4 *Unterschiedliche technische, geteilte fachliche Schlüssel*

Zuletzt ist noch anzumerken, dass ein Modell wie in Abbildung 5–4 das Verständnis von DDD unterstreicht, das wir im letzten Abschnitt skizziert hatten: Wenn es bei DDD darum geht, die für eine Domäne jeweils einschlägigen Dimensionen des konzeptuellen Raums zu identifizieren, dann ist jede Repräsentation eines realweltlichen Gegenstands in einem IT-System eine *Projektion*, die einige Dimensionen ausblendet. Der fachliche Schlüssel repräsentiert die realweltliche Identität über Domänengrenzen hinweg, während der technische Schlüssel die Identität eines *Aspekts* des Objekts erfasst. In der realen Welt kann ein Fahrzeug über eine FIN eindeutig bestimmt sein, in unseren beiden Domänen kann dasselbe Fahrzeug einmal eine UUID und einmal eine sequenzbasierte ID tragen – beide stellen dabei nicht die »Wahrheit« über das Fahrzeug dar, sondern repräsentieren das Fahrzeug *aus Sicht des Systems*; und die Vielzahl verschiedener Sichten wird dann letztlich durch die realweltliche Identität (hier: die FIN) zusammengehalten.

Verwende fachliche Schlüssel niemals als technische Primärschlüssel – aber erwäge ihre Verwendung als »natürliche« Referenz über Domänengrenzen hinweg.

5.3 Pattern: ReST URL

Als Nächstes wollen wir uns einem Thema zuwenden, das in der abstrakten Theorie häufig beiseitegeschoben wird, für die Implementierungspraxis aber oft eine der ersten brennenden Fragen darstellt. Das schönste Domänenmodell hilft wenig, wenn es nicht verwendet wird, und die wenigsten Anwendungen sind so selbstgenügsam, dass sie keine *Interfaces* zur Verfügung stellen müssen, um »etwas mit dem Modell zu tun«. Es stellt sich daher schnell die Frage, wie wir ein sinnvolles Interface für eine DDD-basierte Anwendung designen können.

Nun ist der erste Gedanke, der einem heutigen Entwickler einfällt, immer noch, eine ReST-API zur Verfügung zu stellen, und der zweite die Sorge, ob das eigentlich der richtige Ansatz für einen DDD-Kontext ist. Diese Sorge ist unbegründet, auch wenn bisweilen nahegelegt wurde, DDD könnte sich schlecht mit ReST vertragen, und es tatsächlich einige Gefahren gibt, die man dabei umgehen muss.

Zunächst besteht die Gefahr, ein **anämisches** Domänenmodell zu erzeugen.[1] Wenn man die ReST-Ressourcen zu sehr nach einem simplen CRUD-Prinzip schneidet, d.h. schlicht für jede Entität `Create/Read/Update/Delete`-Operationen vorsieht, kann das Modell zu einer reinen Datenstruktur verkommen, während wir im DDD versuchen, auch die Businesslogik möglichst eng an das Modell zu binden.

Zugleich kann die API zu feingranular oder auch zu »mächtig« werden, wenn die ReST-Ressourcen das Domänenmodell eins zu eins abbilden. Nicht jede Eigenschaft einer Business-Entität, ja nicht einmal jede Entität ist für eine API relevant, und in keinem Fall lässt sich das Modell »automatisch« in ReST-Ressourcen übersetzen.

[1]»The basic symptom of an Anemic Domain Model is that at first blush it looks like the real thing. There are objects, many named after the nouns in the domain space, and these objects are connected with the rich relationships and structure that true domain models have. The catch comes when you look at the behavior, and you realize that there is hardly any behavior on these objects, making them little more than bags of getters and setters.« (*https://martinfowler.com/bliki/AnemicDomainModel.html*)

Beides sind reale Gefahren, derer man sich bewusst sein muss. Die Lösung liegt auf der Hand – wir halten uns an die Prinzipien:

- Keine (reinen) CRUD-Ressourcen!
- Nicht das Domänenmodell eins zu eins in Ressourcen übersetzen!

Umgekehrt bietet nämlich ReST einige enorme Vorteile beim Domain-Driven Design. Das beginnt damit, dass Ressourcen *Dinge* sind, und daher eine (gute) ReST-API nahezu automatisch Fragen aufwirft, die für den DDD-Kontext zentral sind – wie beispielsweise: *Welche Dinge gibt es eigentlich*? Betrachten wir einen Call wie diesen:

```
POST /rechnungen (200 OK)
```

Die Semantik dieses Aufrufs ist dem Client so klar wie dem Entwickler der API: Der Aufruf muss eine Rechnung erzeugen. Dagegen ist die Semantik eines vagen RPC-Calls einer Operation *abrechnen* durchaus unklar. Dies liegt nicht zuletzt an der Vielzahl detaillierter semantischer Regeln, die die HTTP-Standards mit sich bringen und die man mit viel Gewinn verwenden kann – etwa die Verwendung von sinnvollen StatusCodes, ContentTypes, Headern (*Location*, *Accept*, ...) und (nicht) zuletzt URLs.

ReST-URLs bieten dabei Techniken an, die nicht nur beim Domain-Driven Design unterstützen, sondern auch ergänzend daneben treten können. Letztlich sagt uns Domain-Driven Design wenig darüber, wie APIs auszusehen haben, über die mit Domänenobjekten operiert werden kann. ReST kann hier helfen. Nun hatten wir oben allerdings festgehalten, dass wir weder reine CRUD-Ressourcen anbieten wollen noch unser Domänenmodell eins zu eins in Ressourcen abbilden. Es ist also zunächst die Frage zu klären, wie sich *Ressourcen* zu *Entitäten* verhalten. Wir hatten bereits festgestellt, dass sie nicht identisch miteinander sind. Weder sollen alle Domänenobjekte in ReST-Ressourcen abgebildet werden, noch soll umgekehrt jede Ressource direkt einer Entität entsprechen – jedenfalls nicht *zwangsläufig*. In einfachen Anwendungen mag sogar diese 1:1-Beziehung noch nutzbar sein. Für komplexere Anwendungen wollen wir einen Ansatz verfolgen, der sich in das DDD-Verständnis dieses Kapitels einordnet: Wir wollen Ressourcen als *Aspekte* von Entitäten begreifen. Diesen Ansatz kann man sich anhand einer Abstraktion klarmachen. Betrachten wir hierzu die Abbildung 5–5.

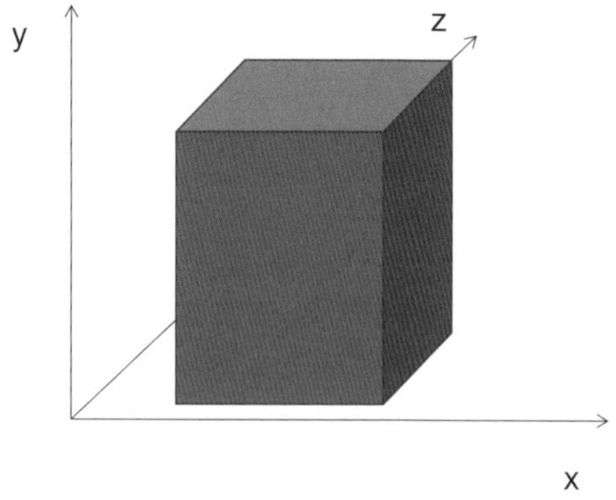

Abb. 5–5
Ein Quader im dreidimensionalen Raum

Es handelt sich dabei um einen Quader im dreidimensionalen Raum. Nehmen wir einmal an, solche Quader wären unsere primären Domänenobjekte. Nun könnte freilich eine triviale ReST-API darin bestehen, einen Quader mitsamt all seinen Eigenschaften (etwa Höhe, Breite und Tiefe) abrufbar zu machen:

```
GET /quader/1 (200 OK)
    - {"hoehe": ..., "breite": ..., "tiefe": ...}
```

Doch ist keineswegs gesagt, dass diese API die relevanteste *Perspektive* aus Sicht des Clients beschreiben würde. Möglicherweise betrachtet dieser den Quader aus einem bestimmten Blickwinkel (wie in Abbildung 5–6).

Abb. 5–6
Projektion des Quaders aus Abbildung 5–5 in zwei Dimensionen

Auch diese Perspektive können wir ihm nun über eine separate Ressource zur Verfügung stellen – etwa so:

```
GET /projektionen/xy/quader/1/hoehe (200 OK) - "37.5"
GET /projektionen/xz/quader/1/hoehe (200 OK) - "21.9"
GET /projektionen/yz/quader/1/hoehe (200 OK) - "21.9"
```

In dieser ReST-API sind die primären Ressourcen *Projektionen* des Raums, in denen sich verschiedene Entitäten unterschiedlich darstellen können. Die entsprechenden Ressourcen sind nicht selbst Entitäten – sie sind *Aspekte* von Entitäten.

Ein realistischeres Beispiel

Dieses Beispiel wirkt noch etwas realitätsfern. Überträgt man aber die Technik auf realistischere Beispiele, wird klar, welchen Mehrwert ReST-Ressourcen als Aspekte des Domänenmodells bieten können. Betrachten wir etwa die Entität in Abbildung 5–7. Diese könnte Teil einer Handelsplattform sein, auf der Nutzer einander Dinge verkaufen und voneinander kaufen können (mitsamt des üblichen Bewertungssystems). Nun enthält die Entität `Transaktion` zum einen Interna, die nur den Betreiber der Plattform und keineswegs die Nutzer angehen. Zum anderen stellt sich aber *ein und dieselbe Transaktion* den beiden Beteiligten völlig unterschiedlich dar: Aus der Sicht des einen ist sie ein *Kauf* (für den er den Verkäufer bewerten muss) und für den anderen ist sie ein *Verkauf* (für den er den Käufer bewerten muss).

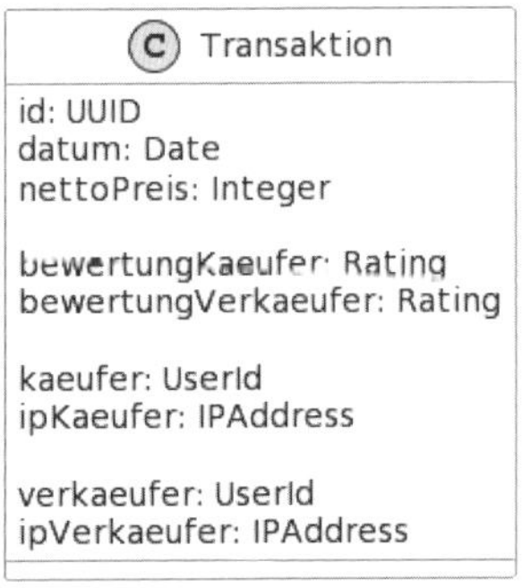

Abb. 5–7
UML-Diagramm der Entität »Transaktion«

Kaffeepause 9

Wie könnte man die verschiedenen »Perspektiven« auf die Transaktion an der API abbilden?

Abb. 5–8
UML-Diagramm der Entitäten »Kauf« und »Verkauf«

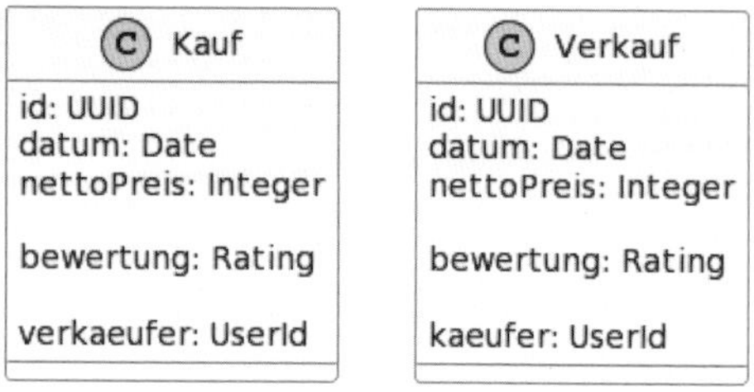

Diese »Sichten« auf die – oder besser *Aspekte der* – Transaktion sind nun keine eigenständigen Entitäten im eigentlichen Sinn: Es existieren nicht zwei Entitäten `Kauf` und `Verkauf` nebeneinander, wie Abbildung 5–8 nahelegen würde. Unser Domänenmodell enthält daher nur die Entität `Transaktion`. Es kann aber aus Sicht des *Clients* durchaus sinnvoll sein, diese beiden »abgeleiteten« Ressourcen genauso zur Verfügung zu stellen:

```
GET /transaktionen/e1bee3d6-c1cd-... (200 OK) - {...}
GET /kaeufe/e1bee3d6-c1cd-...        (200 OK) - {...}
GET /verkaeufe/e1bee3d6-c1cd-...     (200 OK) - {...}
```

Dies wird sowohl die Implementierung im Client vereinfachen als auch typische Autorisierungsfragen im Backend (»Wer darf welche Eigenschaften sehen?«) leichter beantwortbar machen. Hinzu kommt, dass es der Dokumentation eines Sachverhalts dient, der sonst leicht aus dem Blick geraten könnte: dass die Transaktionen sich für unterschiedliche Seiten sehr unterschiedlich darstellen – und auch nicht jede Operation für jeden Nutzer möglich ist.

Solche Beispiele zeigen, dass ReST und DDD sich nicht nur nicht ausschließen, sondern dass sie vielmehr wertvolle Ergänzungen zueinander darstellen können. Auch hilft die ReST-Philosophie dabei, das oben skizzierte Aspekt-Verständnis von DDD nicht aus dem Blick zu verlieren: dass es bei DDD stets um *Projektionen* der wirklichen Welt geht und nicht etwa um die Welt selbst. Zuletzt trägt ein sauberes ReST-Design in nicht unerheblichem Maße zur Dokumentation von relevanten Sichten auf und Operationen an Domänenobjekten aus Sicht der Nutzer bei – schließlich bauen wir die Anwendung nicht um des Modells willen.

Schlechtes ReST-Design führt zu anämischen Domänenmodellen, aber ein sauberer Ressourcen-Schnitt kann enorm bei der Modellierung unterstützen!

5.4 Pattern: Orthogonal Operation

Das nächste Pattern, das wir betrachten wollen, wurde prominent in Andrew Hunts und David Thomas' Klassiker *The Pragmatic Programmer* [Hunt & Thomas 2000] betont und gilt zunächst ganz allgemein für alle Bereiche der Softwareentwicklung: Die Konzentration auf *Orthogonalität* hilft dabei, Software in voneinander unabhängige Komponenten zu unterteilen. Das zugrunde liegende Bild ist das von Achsen, die im rechten Winkel zu einander stehen (wie in Abbildung 5–9) und die unterschiedliche *Dimensionen* darstellen.

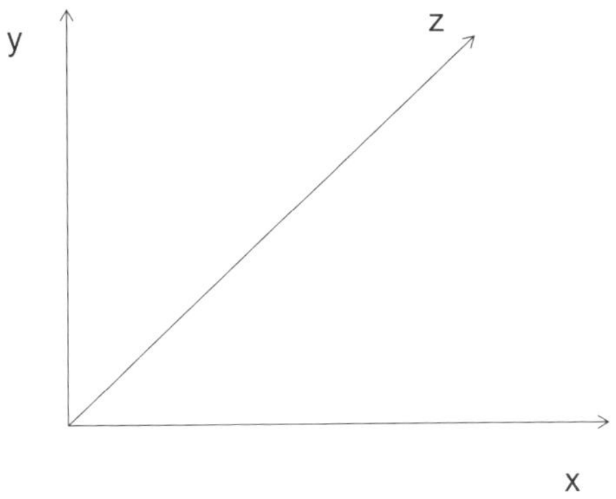

Abb. 5–9
Orthogonale Achsen (»Dimensionen«)

Eine Änderung in einer Dimension eines Programms sollte nie eine Änderung in einer anderen Dimension nach sich ziehen, so der fundamentale Gedanke. Das gilt zunächst für makroskopische Design-Kontexte: »Moving a button on a GUI panel should not require a change in the database schema« [Hunt & Thomas 2000, S. 38]. Wenn unsere UI und unser Datenbankschema so eng aneinander gekoppelt sind, dass Änderungen in der einen auch Änderungen im anderen nach sich ziehen, ist offenbar etwas schiefgelaufen. GUI (Graphical User Interface) und Datenbank sollten deshalb nicht aneinander gekoppelt sein, weil sie unterschiedliche *Dimensionen* des Designs darstellen. Sie sind (idealerweise) *orthogonal* zueinander.

Das Konzept von Orthogonalität lässt sich allerdings auf sehr viele Ebenen der Softwareentwicklung anwenden. Anders als in unserer dreidimensionalen räumlichen Anschauung bestehen bereits relativ triviale Softwaresysteme aus Hunderten von Dimensionen, die »im rechten Winkel« zueinander stehen, d.h. unabhängig voneinander sind. So sollte beispielsweise das Monitoring unseres Systems nicht Teil unserer Business-Logik sein. Folgender Codeschnipsel wirkt zumindest sehr hässlich, wenn nicht gar falsch:

Listing 5.2 Vermengung von Dimensionen

```
fun calculateRechnungssumme(rechnung: Rechnung) : Int {
  val start = System.currentTimeMillis()
  var summe = 0
  for(position in rechnung.positionen) {
    summe += position.summe
    RechnungenStatistik.incrementPositionenCounter()
  }
  RechnungenStatistik
    .registerCalcTime(System.currentTimeMillis() - start))
}
```

Abgesehen davon, dass es wohl nicht geschickt ist, das Monitoring über statische Referenzen so tief im Code zu verankern, ist es schlicht nicht Aufgabe der Berechnungslogik, Statistiken über die Anzahl von Rechnungspositionen zu erfassen. Das Erfassen der Berechnungszeit ist natürlich ein sehr verbreitetes Pattern, entspricht aber in dieser Form nicht dem Idealbild der Orthogonalität. Man hat zu solchen Zwecken bisweilen die sogenannte *aspektorientierte Programmierung* (AOP) vorgeschlagen, die letztlich genau auf der Idee orthogonaler Operationen beruht und leider in der Praxis häufig unschöne Konsequenzen (wie die Notwendigkeit von Bytecode-Manipulationen) mit sich brachte.

Nun ist aber die Idee der *orthogonalen Operationen* auch für den Kontext des Domain-Driven Design von großer Bedeutung, denn auch fachliche Operationen können (und werden häufig) orthogonal zueinander sein. Man sollte daher bei der Modellierung und Implementierung solcher Operationen stets darauf achten, ob man die »natürlichen« fachlichen Dimensionen verwischt – was häufig fatale Konsequenzen hat.

Zum Beispiel können wir einen zweiten Blick auf eine Empfehlung aus Abschnitt 5.3 werfen, nämlich keine reinen CRUD-Interfaces zur Verfügung zu stellen. Wir hatten dort ein System beschrieben, das es erlaubt, Transaktionen (Kauf- und Verkauf-Operationen) abzuschließen und diese zu bewerten. Diese Bewertung wird nun natürlich ein Interface voraussetzen, und ein Reflex einiger ReST-erfahrener Entwickler könnte sein, die Bewertung über folgendes Interface vorzunehmen:

```
PUT /kaeufe/{UUID}
  {
    "id": "...",
    "nettoPreis": ...,
    "bewertung": "FOUR_STARS",
     ...
  }
  (200 OK)
```

☕ Kaffeepause 10

Zu welcher Problematik kann dieses Interface führen?

Der Gedanke ist klar: Es handelt sich um ein Update der zuvor erstellten Kauf-Ressource, das deren Bewertung auf »vier Sterne« ändert. Diese Implementierung wäre in sich zunächst völlig ReST-konform. Die entstehende Problematik wird allerdings deutlich, wenn man sich Gedanken über die Validierungsregeln dieses Requests macht. Offensichtlich kann in diesem PUT-Request weder der Preis noch der Verkäufer noch das Kaufdatum noch irgendeine andere Eigenschaft geändert werden, außer der Bewertung selbst. Die bloße Existenz des PUT-Interface wirft dabei Fragen auf, für die die Fachseite nur Verwirrung übrig haben wird, wie etwa: was denn geschehen solle, wenn der Nutzer zusammen mit der Bewertung auch nachträglich den Preis zu ändern versuche. (Stirnrunzeln. »Das geht natürlich nicht?«)

Auch die dahinterliegende Servicemethode, die dann wohl eine `save()`-Methode wäre, sähe sehr verdächtig aus:

Listing 5.3
save()-Methode mit Validierungen

```
fun saveKauf(kauf: Kauf) : Kauf {

  val kaufBefore = kaufRepository.getKaufById(kauf.id)

  if (kaufBefore.nettoPreis != kauf.nettoPreis) {
    throw ForbiddenException()
  }

  if (kaufBefore.verkaeuferId != kauf.verkaeuferId) {
    throw ForbiddenException()
  }

  ...
  return kaufRepository.save(kauf)
}
```

Dieser Code sieht nicht nur grauenvoll aus, er trägt auch enormes Fehlerpotenzial in sich. So muss in Zukunft jede neu hinzukommende Eigenschaft auf dieselbe Art und Weise validiert werden, wenn es nicht möglich sein soll, im Zuge der »Bewertung« einer Transaktion auch völlig andere Eigenschaften zu manipulieren. Wie bereits im letzten Abschnitt angemerkt, kann man daher nur davon abraten, solche CRUD-Methoden und -Interfaces zu implementieren. Ein PUT-Interface auf eine komplexe Ressource wird sehr häufig ein Einfallstor für Fehler und sogar Sicherheitsprobleme sein, und zugleich entstehen dabei fachlich völlig sinnlose Fragen, die nur der technischen Gestalt geschuldet sind.

Besser wäre daher ein Interface wie das folgende:

```
PUT /kaeufe/{UUID}/bewertung "FOUR_STARS" (200 OK)
```

Die zugrunde liegende Methode der Entität `Kauf` könnte sich dann auf fachliche Validierungen beschränken:

Listing 5.4 *bewerte()-Methode mit fachlichen Validierungen*

```
class Kauf {
  ...
  fun bewerte(bewertung: Bewertung) {

    if (this.bewertung != Bewertung.UNBEWERTET) {
      throw BadRequestException("Kauf wurde bereits bewertet")
    }

    if (this.isOlderThan(3, MONTH)) {
      throw BadRequestException("Kauf liegt zu lang zurück")
    }

    this.bewertung = bewertung
  }

}
```

Der Unterschied zwischen einer solchen Operation und der obigen `save()`-Operation liegt darin, dass diese Operation sich ausschließlich auf der »Achse« der Bewertungen bewegt. Es gibt keine Querbeziehungen zu anderen Dimensionen und daher ergeben sich einerseits keine fachlich sinnlosen Fragen und andererseits ziehen Änderungen an anderen Teilen des Codes keine Änderungen der Bewertungslogik nach sich.

Was hier deutlich wird, ist, dass die Vorstellung des konzeptuellen Raums auch beim Design hilft: Operationen können sich auf verschiedene Dimensionen des Raums beziehen und es ist wichtig, darauf zu achten, Operationen so zu modellieren, dass sie nur die Dimensionen technisch berühren, die sie auch fachlich betreffen. Der Begriff der Orthogonalität dient dabei als Denkwerkzeug: Kann man sich zwei Operationen auf voneinander unabhängigen Dimensionen vorstellen? Dann sollten sie nicht zu eng miteinander verwoben werden!

Exkurs: CQRS

Ein Pattern, das in den letzten Jahren häufig diskutiert wurde und letztlich ebenfalls Orthogonalität betonen soll, ist das *CQRS*-Pattern. Es ist sehr viel Verwirrung darüber entstanden, in welcher Relation CQRS zu *Event Sourcing* steht. Kurz gesagt: Es gibt eine Affinität zwischen den Konzepten, sie sind aber keineswegs dasselbe.

CQRS steht für »Command Query Responsibility Segregation«. Gemeint ist, dass für Lese- und für Schreiboperationen nicht dasselbe »Modell« verwendet wird. »Modell« meint hier allerdings *nicht* dasselbe wie im DDD-Kontext. Lesen und Schreiben sind technische Operationen, die sich nicht direkt auf unser Domänenmodell auswirken. Gemeint ist vielmehr eine *Repräsentation von Daten* – die natürlich in Zusammenhang mit unserem Domänenmodell stehen werden.

Im obigen Beispiel gehört die Entität `Kauf` zu unserem Domänenmodell. Das oben besprochene Antipattern, das sich daraus ergibt, diese Entität »eins zu eins« in ein Data Transfer Object (DTO) zu kopieren und dieses DTO sowohl für GET- als auch für PUT-Requests zu verwenden, erzeugt Probleme, wie wir gesehen haben. Eine CQRS-Lösung könnte diese Probleme adressieren, indem unterschieden wird zwischen einer Repräsentation der Daten, die über das GET-Interface zurückgegeben wird (Query), und einer anderen Repräsentation, die für PUT (Command) verwendet wird. Tatsächlich könnte man das oben vorgenommene Refactoring als Instanz von CQRS begreifen.

Daher betont Martin Fowler auch in seinem einschlägigen Blog-Artikel: »CQRS fits well with event-based programming models« (siehe Literaturhinweise).

Das Pattern, für Update-Operationen ein separates DTO zu verwenden, hat sich in letzter Zeit stark verbreitet, oft ohne dass in diesem Kontext explizit von CQRS gesprochen wird – die Idee ist aber dieselbe. Die Verbindung von CQRS zu *Event Sourcing* liegt nun darin, dass ein *Event* zwar nicht im strikten Sinn ein *Command* ist, selbst aber ebenfalls als unabhängige Datenstruktur repräsentiert werden kann, die eine Veränderung einer Business-Entität nach sich zieht. CQRS und Event Sourcing lassen sich daher auf natürliche Weise miteinander integrieren.

Der Zusammenhang von CQRS mit dem Thema dieses Kapitels wiederum wird klar, wenn man den hauptsächlichen Vorteil von CQRS betrachtet (der bereits im obigen Beispiel vorlag): Eine Trennung von Command-Objekten von einer kanonischen Lese-Repräsentation erlaubt es, Operationen, die zu einander orthogonal sind, voneinander zu entkoppeln (und umgekehrt Operationen, die nur als Einheit ausgeführt werden dürfen, zusammenzubinden). Die Operation, die Bewertung einer Transaktion zu ändern, sollte keine Repräsentation der Entität erfordern, die Eigenschaften enthält, die für die

Operation irrelevant sind. Die Auftrennung vereinfacht so Validierungen und reduziert Komplexität in der Entwicklung und Weiterentwicklung. Es ist allerdings auch hier zu beachten, dass für sehr einfache Systeme eine solche Trennung über das Ziel hinausschießen kann. Augenmaß ist auch hier eine Tugend!

Orthogonalität ist nicht nur in technischer, sondern auch in fachlicher Hinsicht ein zentrales Designkriterium!

5.5 Pattern: Virtual Representation

Eine andere Art von Projektion liegt vor, wenn wir Gegenstände unseres konzeptuellen Raums in mehr oder weniger »materielle« Repräsentationen überführen. Sehr häufig wird sich dabei ein Pattern ergeben, das wir als »Virtual Representation« bezeichnen (siehe Abbildung 5–10). Wir besitzen eine halbwegs »ideale«, virtuelle Repräsentation unserer Daten, die dann in verschiedene Repräsentationsformen übersetzt wird. Solche Repräsentationen weisen die Tendenz auf, zu Informationsverlusten zu führen – ganz gleich, ob es sich dabei um PDFs, Excel-Files, Graphen, XML, Byte-Arrays oder JSON (Java Script Object Notation) handelt. Natürlich müssen in IT-Systemen alle Daten stets auf irgendeine Art repräsentiert werden – und sei es als Objektgeflecht im Arbeitsspeicher –, daher ist die Idee der virtuellen Repräsentation eine bloße Idealisierung, aber in der Praxis kann es oft hilfreich sein, sich an dem zugrunde liegenden Bild zu orientieren.

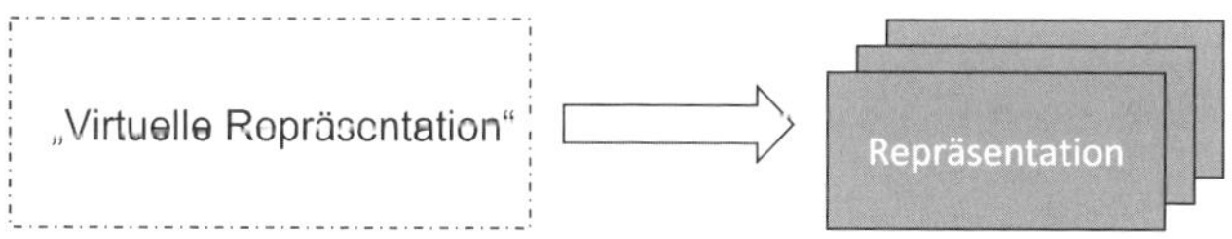

Abb. 5–10
Eine »virtuelle Repräsentation« – mehrere »materialisierte« Repräsentationen

Welcher Art der Informationsverlust ist, hängt völlig von der Art der Repräsentation ab. Serialisiert man etwa ein Objektgeflecht in eine JSON-Repräsentation, kann das Resultat den Eindruck erwecken, eine verlustfreie Transformation der Daten darzustellen. Doch ist am Ende JSON schlicht weniger mächtig als die »virtuelle« Repräsentation im Speicher: So ist es dort problemlos möglich, dass zwei Objekte Referenzen *aufeinander* enthalten, während dies bei der JSON-

Serialisierung ohne entsprechende Eingriffe gerne zu StackOverflow-Fehlern führt.

Nun ist diese Tendenz zum Informationsverlust an sich nichts Problematisches – unsere Repräsentationen sind meist mächtig genug für unsere Zwecke. Doch ergeben sich regelmäßig Fehler daraus, entweder eine Repräsentation mit »der Sache selbst« zu verwechseln oder aber Transformationen in weniger ausdrucksstarke Repräsentationen *zu früh* vorzunehmen. Als Grundregel gilt: Solche Transformationen sollten *so spät wie möglich* geschehen und bis dahin sollte mit der jeweiligen »virtuellen« Repräsentation gearbeitet werden. Entsprechende Situationen treten in sehr vielen Formen auf und es ist wichtig, sie auch in abstrakter Gestalt wiederzuerkennen. Hält man sich dann an die Faustregel, kann man oft Fehler vermeiden.

Um ein Gefühl für die verschiedenen Formen zu bekommen, in denen dieses Pattern auftritt, betrachten wir einige – unterschiedlich technische – Beispiele.

Beispiel: Encoding

Ein ungemein häufiges Problem, dem sich wohl jeder Entwickler einmal gegenüber gesehen hat, ist das Auftreten von solchen Zeichen irgendwo in der Anwendung:

```
Ã¤
```

Der erfahrene Entwickler weiß, dass es sich um ein Encoding-Problem handelt und meist wird man schlicht irgendwo ein Default-Encoding verwendet haben, das man zu UTF-8 ändern muss. Bisweilen liegt das Problem aber tiefer, weil tatsächlich Daten, etwa aus Drittsystemen, in unterschiedlichen Encodings vorliegen. Solche Situationen erzeugen bisweilen Kopfzerbrechen, vor allem weil das mentale Modell vieler Entwickler hier komplizierter ist als die Realität.

So wissen viele Java-Entwickler, dass die JVM Strings in UTF-16 codiert. Diese Information ist für solche Probleme aber völlig irrelevant. In welcher Form die JVM Strings *intern* repräsentiert, ist für uns nicht von Interesse, wenn wir nicht vorhaben, den Speicher selbst auszulesen. Aus Sicht des Java-Entwicklers stellen Strings eine *virtuelle* Repräsentation dar, d.h., sie haben kein Encoding. Ein Encoding ist eine Art und Weise, Daten in »materieller« Form (d.h. als Byte-Array) zu *repräsentieren*. Der deutsche Buchstabe »ä« wird etwa zu den Bytes »c3 a4«. Strings in der JVM sind aber – wiederum: aus Sicht des Entwicklers – keine Byte-Arrays: Sie sind Strings. Encoding-Probleme können deswegen ausschließlich dort auftreten, wo Strings in Byte-Arrays überführt werden oder aus ihnen erzeugt werden.

Die Transformation eines Strings in einen Byte-Array verliert Informationen: Ein Byte-Array enthält nämlich keine Informationen darüber, welches Encoding verwendet wurde, um ihn zu erzeugen. Daher sollte die Transformation aus String-Objekten in Byte-Arrays, wenn sie nötig ist, *so spät wie möglich geschehen*. Diese Regel gilt auch umgekehrt: Wenn es nötig ist, Strings aus Byte-Arrays zu konstruieren, so sollte dies möglichst einmal, und zwar an der »Außengrenze« unseres Systems geschehen, d.h. so früh wie möglich. In keinem Fall sollten innerhalb eines Systems mehrfach Transformationen von Strings in Byte-Arrays und umgekehrt stattfinden. Natürlich ist auch dies nur eine Faustregel, es wird immer Situationen geben, in denen man sinnvoll Ausnahmen machen kann.

Beispiel: Zeitzonen

Ein ähnlich hartnäckiges, immer wieder auftauchendes Problem stellen *Zeitzonen* dar. Gerade im JVM-Ökosystem, in dem es die traditionellen Date-Klassen, die zwischenzeitlich ubiquitären Joda-Klassen und die DateTime-Klassen aus Java 8 gibt, herrscht bisweilen fundamentale Verwirrung darüber, wann welche Klassen verwendet werden sollten und wie mit dem Problem umgegangen werden sollte, dass Nutzer das System in verschiedenen Zeitzonen verwenden, in denen es womöglich auch noch eine Sommerzeit gibt.

Das Problem wird erfahrungsgemäß erheblich einfacher, wenn man sich klarmacht, dass auch hier eine virtuelle Repräsentation existiert, die unter Informationsverlust in verschiedene konkretere Repräsentationen transformiert wird. Man muss hier unterscheiden zwischen »absoluten« und »relativen« Zeitpunkten. Ich erkläre die Idee eines absoluten Zeitpunkts gerne so: Wenn ich mich mit dem Science-Fiction-Helden Doctor Who, der durch die Zeit reisen kann, zu einem absoluten Zeitpunkt (etwa dem Unix-Zeitstempel 1684230316) verabrede, so wird er pünktlich kommen – ganz egal, wo wir beide uns jeweils zum Zeitpunkt der Verabredung oder des Treffens aufhalten. Wenn ich dagegen sage, wir treffen uns am 16. Mai 2023 um 11:45, ergibt das eine ganze Menge möglicher »temporaler« Treffpunkte. Der Unix-Zeitstempel ist überlegen, weil er *absolut* ist: Er beschreibt die Anzahl an Sekunden seit dem 01.01.1970, Mitternacht *in Greenwich Mean Time*. Ohne den letzten Zusatz wäre auch ein Unix-Zeitstempel nur relativ. Doch hat die *Epoch* – das Startdatum der Unix-Zeit – selbst einen Zeitzonenbezug, daher ist es völlig gleich, wo auf der Welt ich mich aufhalte, der Unix-Zeitstempel wird immer derselbe sein. Ob es dagegen gerade 09:45 oder 10:45 oder gar 11:45 ist, hängt davon ab, ob ich mich in der GMT-Zone oder in der Zeitzone Berlin aufhalte – oder ob gerade auch noch Sommerzeit ist.

Natürlich kann ich dieses Problem beheben, in dem ich dem Doctor sage, wir treffen uns um 11:45 GMT+2 – auch dies ist ein absoluter Zeitstempel und lässt sich in Java etwa in einer `ZonedDateTime` darstellen. Die zentrale Unterscheidung ist also die zwischen der virtuellen Repräsentation des absoluten Zeitstempels (`Date`, `ZonedDateTime`, etc.) und der Repräsentation eines relativen Zeitstempels (`LocalDateTime` z.B.), der die Zeitzoneninformation nicht (mehr) beinhaltet. Die Faustregel gilt auch hier: Es sollte so weitgehend wie möglich mit der virtuellen Repräsentation gearbeitet werden. Bereits an Schnittstellen sollte daher eine Repräsentation gewählt werden, die einen absoluten Zeitstempel beinhaltet, sei dies ein ISO-8601-String mit Zeitzoneninformation (»2023-05-16T11:45:00+02:00«) oder ein Unix-Zeitstempel. Umrechnungen in die jeweils lokale Zeitzone sind nur für menschliche Anwender interessant und sollten daher auch nur genau dort geschehen, wo diese betroffen sind, etwa in der Anzeige.

Beispiel: Runden

Ein weiteres Beispiel aus einem ganz anderen Kontext ist das *Runden* von Gleitkommazahlen. Nehmen wir etwa an, in unserem System wäre eine Berechnung der Summe $\sum_{i=1}^{100} \frac{1}{i} = 1 + \frac{1}{2} + \frac{1}{3} + ... + \frac{1}{100}$ notwendig. Das Resultat allerdings würde nur auf ganze Zahlen gerundet benötigt. Es ist dann wichtig, sich zu erinnern, dass die folgenden beiden Methoden keineswegs zum selben Ergebnis führen:

```
fun method1(): Int {
    var sum = 0.0
    for (i in 1..100) {
        sum += 1.0 / i
    }
    return sum.toInt()
}

fun method2(): Int {
    var sum = 0
    for (i in 1..100) {
        sum += (1.0 / i).toInt()
    }
    return sum
}
```

Listing 5.5
Zwei Methoden zur Berechnung einer Summe

Kaffeepause 11

Was ist der Unterschied zwischen den beiden Methoden? Wo liegt hier eine virtuelle Repräsentation vor?

Das Resultat von `method1` ist 5, das Resultat von `method2` ist 1. Die Ursache hierfür ist, dass das Runden innerhalb der Schleife zu einer viel gravierenderen Abweichung führt als das einmalige Runden am Ende. Natürlich ist der Fehler in diesem simplen Beispiel leicht zu erkennen, doch treten ähnliche Fehler in komplizierten Berechnungen regelmäßig auf, weil die allgemeine Grundregel verletzt wird, nur *einmal am Ende* zu runden. Dies ist einmal mehr eine Variation des Themas der virtuellen Repräsentation: `Double`-Variablen sind für die meisten praktischen Belange absolut genau, durch das Runden auf Ganzzahlen (oder auch nur einige Nachkommastellen) gehen Informationen verloren, daher sollte dies so spät wie möglich geschehen. In bestimmten algebraischen Kontexten kann es sogar sinnvoll sein, den Bruch $\frac{1}{3}$ als ein Paar von Integers und nicht als $0,333333...$ zu repräsentieren. Dort ist die algebraische Gestalt die virtuelle Repräsentation und die nur annähernd genaue pseudo-unendliche Darstellung verliert zu viele Informationen.

Content Negotiation

Auch in der Softwarearchitektur können wir uns an der Faustregel dieses Abschnitts orientieren, etwa im Design von ReST-Schnittstellen (siehe auch Abschnitt 5.3). Es kommt regelmäßig die Anforderung auf, bestimmte Daten müssten sowohl im Frontend dargestellt als auch als Excel-File (vgl. hierzu auch Abschnitt 6.5) exportiert werden. Natürlich könnte man nun schlicht zwei verschiedene ReST-Schnittstellen implementieren, etwa:

```
GET /irgendwelche-daten/json
GET /irgendwelche-daten/excel
```

Eine elegantere Lösung, die den Gedanken von ReST-Ressourcen ernster nimmt, besteht darin, hierzu *Content Negotiation* zu verwenden. Der Endpunkt wäre dann in beiden Fällen:

```
GET /irgendwelche-daten
```

Zusätzlich würde der Client jedoch im `Accept`-Header anzeigen, ob er die Daten gerne als `application/json` oder als `application/vnd.openxmlformats-officedocument.spreadsheetml.sheet` erhalten möchte. Dies dient einerseits dem sauberen und selbstdokumentierenden Schnittstellendesign, andererseits ermutigt es aber auch dazu, die zugrunde liegenden Daten möglichst lang in einer virtuellen Repräsentation zu bearbeiten und erst zuletzt in einer äußersten Schicht in das Zielformat zu transformieren. Solche Designentscheidungen können dabei helfen, Codeduplikationen und Inkonsistenzen zu vermeiden.

Rekapitulation eines fachlichen Beispiels

All diese zunächst technisch wirkenden Beispiele haben wichtige fachliche Konsequenzen. Wenn wir nun aber zuletzt nach einem rein fachlichen Anwendungsfall der allgemeinen Faustregel suchen, können wir einmal mehr auf unser erstes Beispiel aus Abschnitt 3.2 zurückgreifen. Nehmen wir an, unser System enthält strukturierte Rechnungsdaten, die aber auch zu einem PDF zusammenfließen müssen, das dann dem Nutzer übermittelt wird. Die PDF-Repräsentation enthält dabei sehr wahrscheinlich weniger Daten als unsere virtuelle Repräsentation – in jedem Fall ist sie aber weniger mächtig, weil sie keine weiteren Änderungen mehr erlaubt. Es ist daher wichtig, diese Repräsentation erst dann zu erzeugen, wenn keine Änderungen an den zugrunde liegenden Daten mehr zu erwarten sind – andernfalls käme es zu Inkonsistenzen zwischen den strukturierten Daten und der PDF-Version. Auch dies mag auf der Hand liegen, aber gerade in komplexeren Kontexten kann es helfen, sich anhand einfacherer Beispiele die abstrakten Grundregeln in Erinnerung zu rufen.

Transformationen in konkrete Repräsentationen sollten so spät wie möglich durchgeführt werden, besonders wenn sie zu Informationsverlust führen!

5.6 (Anti-)Pattern: Process First

Eine Dimension, die uns in der Domänenmodellierung vorrangig beschäftigt, ist die *Zeit*, genauer: die (legalen) Veränderungen von Domänenobjekten im zeitlichen Verlauf. Prinzipiell finden solche Veränderungen im Rahmen von *Business-Operationen* statt, die sich im Modell als Methoden wiederfinden. Solche Operationen haben Vorbedingungen, sie können nur in bestimmten Zuständen und unter bestimmten Voraussetzungen stattfinden, sie erfordern Berechtigungen und dergleichen. Dabei existieren solche Vorbedingungen sowohl auf der mikroskopischen Ebene (»das Feld soundso muss einen Wert größer als x haben«) als auch auf makroskopischen Ebenen (»diese Operation erfordert, dass die Entität im Zustand y ist, und überführt sie in den Zustand z«). Diese makroskopische Ebene bezeichnen wir als die Ebene von *Prozessen*.

Zweifellos ist ein sehr wesentlicher Teil der Domänenmodellierung die Analyse der Geschäftsprozesse, die in der fraglichen Anwendung abgebildet werden sollen. Ein Vorgehen, das dabei häufig zum Einsatz kommt, wollen wir als »Process First«-Ansatz bezeichnen. Ein legitimes Bedürfnis der Stakeholder einer Anwendung besteht darin, den Prozess, den die Anwendung abbildet, zu *dokumentieren* und ihn sogar gegebenenfalls zu *optimieren*. Dabei tritt regelmäßig das Problem auf, dass die Dokumentation der Prozesse mindestens veraltet ist oder womöglich nie akkurat das Vorgehen der Nutzer repräsentiert hat. Die Philosophie des »Process First«-Ansatzes versucht diesem Problem dadurch zu begegnen, dass die Prozesse in den Mittelpunkt des Anwendungsdesigns gestellt werden. Prozesse werden dabei zunächst beschrieben (häufig in Business Process Model and Notation (BPMN)-Diagrammen) und anschließend »in Code gegossen«.

Natürlich tritt hier das Problem auf, dass sich Prozesse nicht einfach in Code übersetzen lassen, weswegen an dieser Stelle *Workflow*

Engines zum Einsatz kommen, die die Prozessdiagramme interpretieren und mit der technischen Implementierung der Businesslogik verknüpfen können. Die – äußerst elegante – Vision sieht vor, dass auf diese Art die Business-Prozesse, wie sie in den einschlägigen Diagrammen dargestellt sind, notwendig den tatsächlichen Ablauf der in der Software abgebildeten Use Cases beschreiben und damit einerseits die Prozessdokumentation nicht veraltet und andererseits keine unvorhergesehenen, nicht »prozesskonformen« Abläufe in der Anwendung entstehen können.

Diese Idee adressiert auf eine durchaus brillante Art ein zentrales Interesse der Stakeholder und daher sollte das »Process First«-Vorgehen sehr ernsthaft erwogen werden. Allerdings erfolgt die Empfehlung des »Process First« oft uneingeschränkt und die Vorteile von Workflow Engines werden bisweilen überzeichnet. Wie im Grunde überall gilt auch hier, dass es schlicht keine architekturellen Entscheidungen gibt, die keine Trade-offs mit sich bringen, daher wollen wir einmal kurz die Schwierigkeiten und Fallen beleuchten, die sich bei der Verfolgung eines »Process First«-Ansatzes ergeben können. Damit soll keineswegs nahegelegt werden, der Ansatz wäre falsch, es soll nur betont werden, dass er keineswegs automatisch der richtige ist und dass er definitiv nicht alle praktischen Probleme, die sich stellen, wie von Zauberhand verschwinden lassen kann.

Abweichung von Ist- und Sollprozessen

Ein erstes fundamentales Problem liegt im Grunde jenseits des Softwaredesigns. Es ist in der Praxis häufig genug der Fall, dass das tatsächliche Vorgehen von erfahrenen Anwendern nicht die Sollprozesse widerspiegelt, die Business-Analysten einmal zur Optimierung des Vorgehens erdacht haben. Im Idealfall führt nun die Identifizierung dieses Umstands entweder zu einer Aktualisierung der Prozessvorgaben aufgrund der wertvollen Erfahrungswerte der Anwender oder zumindest zu einer Anpassung des Vorgehens an die optimierten Prozesse. In der Praxis werden hier Product Owner häufig zwischen kommunikativen Fronten zerrieben, da beide Seiten dieser Debatte auf ihre Art »am längeren Hebel« sitzen. Das Resultat ist häufig ein Kompromiss, der zu einer ersten Aufweichung des »Process First«-Ansatzes führt – etwa ein »alternativer Weg« oder ein »Power User Feature«, das nur wenigen Nutzern vorbehalten ist.

»Uneigentliche« Prozesse

Eine Gefahr ergibt sich direkt aus dem absoluten Anspruch, dass *alle* Business-relevanten Abläufe in der Software durch die Workflow Engine gesteuert werden sollten. Diesen Anspruch muss man nicht erheben, doch läuft man dann Gefahr, Prozessrelevantes nicht zu erfassen. Wird nun aber die absolute Forderung erhoben, so kommt es schnell zu einer Vermischung von rein technischen Abläufen mit den eigentlichen Business-Prozessen, und zwar schon deswegen, weil nahezu alles, was die Software tut, bis zu einem gewissen Grad prozessrelevant sein kann, wenn man einmal beginnt, in absoluten Begriffen zu denken. So kommt es häufig dazu, dass technische Timer durch zeitgesteuerte Tasks ersetzt werden oder simple CRUD-Endpunkte zu separaten Business-Prozessen, die nur aus einem Element bestehen, transformiert werden. Das kann in gewissen Fällen sinnvoll sein, erzeugt aber meistens unnötigen technischen wie kommunikativen Overhead.

Technisch ungeeignete Prozessdiagramme

Eine Schwierigkeit, die sich in der Praxis oft ergibt, liegt darin, dass die Business-Prozesse, die Business-Analysten im Vorfeld erstellt haben, keinen ausreichenden Detailgrad haben, um direkt für die Implementierung verwendet werden zu können. Im Idealfall werden diese Prozesse dann einfach ausdetailliert. Doch ergeben sich hier bisweilen nicht nur Budgetprobleme, sondern auch Zielkonflikte zwischen der technischen Umsetzbarkeit einerseits und der Verständlichkeit der Prozesse andererseits, die dann zur Etablierung von parallel gepflegten »Schatten-Diagrammen« führen können, womit der zentrale Vorteil des »Process First«-Ansatzes bereits aus der Hand gegeben wird.

Abweichung von augenscheinlichem Prozess und tatsächlicher Implementierung

Eine letzte, möglicherweise noch fundamentalere Limitierung des »Process First«-Ansatzes liegt in dem Umstand begründet, dass letztlich nicht garantiert ist, dass die Software auch das tut, was das Diagramm vermuten lässt. Ein Task in einem Workflow delegiert Arbeit an ein Stück Code, dessen Semantik nicht durch das Prozessdiagramm garantiert werden kann. Damit ergibt sich die Gefahr, dass selbst wenn es gelingt, Anforderungen stets in ein akkurates Prozessdiagramm einzuarbeiten und dieses zur Umsetzung eines Workflows zu verwenden, dadurch *immer noch nicht* sichergestellt ist, dass die

Abläufe der Software den Sollprozessen entsprechen. (In einem Projekt kam einmal die Idee auf, zu versuchen, ob sich ein »Mario Kart«-Spiel auf Grundlage einer Workflow Engine umsetzen ließe, in dem bestehende Prozessdiagramme die Funktion von Rennstrecken übernahmen. Der Versuch war überraschend erfolgreich.)

Keiner der oben genannten Punkte ist als Argument gegen den »Process First«-Ansatz zu verstehen. Vielmehr handelt es sich um Fallen, die umgangen werden müssen, soll der Ansatz zum Erfolg führen. Was aber festgehalten werden sollte, ist Folgendes:

- »Process First« führt keineswegs *automatisch* zum Erfolg.
- »Process First« ist keineswegs trivial in der Umsetzung und kann ohne einiges Know-how mehr Schaden als Nutzen verursachen.
- »Process First« ist nicht *für alle Anwendungen* in gleichem Maße geeignet.

Der Ansatz hat, wie bereits betont, einige Vorteile, doch sollte stets erwogen werden, ob diese Vorteile die Risiken überwiegen.

> *Ein »Process First«-Ansatz kann enorme Vorteile bringen, doch auch hier müssen Trade-offs erwogen werden.*
>
> *Oder: »Nur ein Sith kennt nichts als Extreme!«*
>
> *— Obi-Wan Kenobi*

5.7 Literaturhinweise

- Zur Theorie konzeptueller Räume siehe [Gärdenfors 2000].

- Für eine Diskussion der *Meaningful Keys* vergleiche das oben zitierte Kapitel in [Fowler 2003, S. 216 ff.].

- Der Begriff der Orthogonalität wurde sehr prominent in [Hunt & Thomas 2000, S. 34 ff.] behandelt.

- Der Begriff »ReST« und die Philosophie dahinter gehen zurück auf Roy Fieldings Dissertation *Architectural Styles and the Design of Network-based Software Architectures*. Für eine umfassende Einführung in die praktischen Fragen und zum Richardson Maturity Model siehe [Webber et al. 2010].

- Zum Begriff des *anämischen Modells* siehe Fowlers einschlägigen Blog-Artikel: *https://martinfowler.com/bliki/AnemicDomainModel.html*.

- Zu CQRS siehe [Newman 2015, S. 224 ff.] und auch hier Fowlers Blog-Artikel: *https://martinfowler.com/bliki/CQRS.html*.

- Die Trade-offs im Design von prozessgesteuerten Anwendungen diskutiert Volker Stiehl in [Stiehl 2013, S. 55 ff.].

6 Experte: Die (lästige) Realität

6.1 Fallstricke und Stolpersteine

Ein immerwährendes Ärgernis in der Softwareentwicklung ist die lästige Realität. Viel zu oft scheitern die brillantesten Konzepte und elegantesten Architekturen nur daran, dass sich die Realität einfach nicht nach ihnen richten möchte! Dabei sind die harmlosesten Formen solch aufsässiger Widerstände noch, dass Budgetprobleme oder Konzernvorgaben die Implementierung eines an sich einwandfreien Architekturkonzepts verhindern.

Schwerer wiegen Schwierigkeiten, die sich daraus ergeben, dass die Realität selbst sich den »Best Practices« der Modellierung aus verschiedensten Gründen nicht beugen will. Dies kommt gerade da vor, wo sich über Jahre Verfahrensweisen eingeschliffen haben, die dem gemeinen Menschenverstand undurchdringlich erscheinen, doch für wesentliche Business-Prozesse so zentral sind, dass sie sich nicht »einfach« ändern lassen.

Auch lässt sich oft nicht voraussagen, wie realweltliche Nutzer ein »im Elfenbeinturm« entworfenes System nutzen werden. Natürlich ist die wichtigste Regel, um hier Abhilfe zu schaffen, Systeme eben *nicht* im Elfenbeinturm zu designen. Doch ist es selbst in den agilsten Kontexten wichtig, sich beim Design vor Augen zu halten, dass Nutzer oft überraschend kreative Wege finden, an der intendierten Nutzung des Systems »vorbei zu arbeiten«. Oft geschieht das aus völlig nachvollziehbaren Gründen – etwa, wenn das System zwar alle »Happy Paths« einwandfrei unterstützt, aber eben nicht die unvorhersehbaren Situationen, die dann in der Realität immer wieder auftreten. Dem sollte man nicht etwa dadurch begegnen, noch mehr Energie in die Vorhersage aller möglichen Eventualitäten zu stecken, sondern vielmehr dadurch, anzuerkennen, dass letztlich die Nutzer am besten in der Lage sind, Lösungen für realweltliche Probleme zu finden.

Bisweilen gewinnt man den Eindruck, dass es an ein Wunder grenzt, dass IT-Systeme vor dem Hintergrund all dieser Widerstände seitens der Realität *überhaupt* funktionieren. Den Grund hierfür blenden Entwickler und Architekten bisweilen aus: Es sind die Nutzer, die die Software als ein *Werkzeug* verwenden, und ebenso wie man eine kaputte Spitzhacke manchmal als Schaufel verwenden kann, sind Nutzer – anders als IT-Systeme – oft in der Lage, Begrenzungen der Software durch eigene Kreativität auszugleichen. Diesen Umstand scheinen manche als Bedrohung zu empfinden – tatsächlich illustriert er aber ein fundamentales Prinzip, das man nie aus den Augen verlieren sollte: Software wird *von Menschen* und *für Menschen* geschrieben. Wendet man diese Regel auf Designprobleme an, gelangt man bisweilen zu anderen Lösungen, als die reine Logik nahelegt, und in gewisser Weise ist diese *psychologische* Ebene ein sehr fortgeschrittenes Level von Domain-Driven Design, wie wir in den letzten Patterns sehen werden.

Zu dem Einwand, dass Software inzwischen nicht mehr ausschließlich von Menschen geschrieben wird, siehe Kapitel 7.

6.2 Pattern: Letting the Bones Show

Das erste Pattern in dieser Sektion geht auf eine Anmerkung Eric Evans' zurück, die er unter dem Titel »Letting the Bones Show« behandelt (vgl. [Evans 2004, S. 57 ff.]). Evans verwendet als Beispiel die »Favorites« des damaligen Internet Explorers. Diese waren intern als Files implementiert, was dazu führte, dass Namen von »Favorites« denselben Regeln folgen mussten, die auch Dateinamen zu erfüllen hatten. So ließ sich etwa ein Lesezeichen mit dem Titel »Laziness: The Secret to Happiness« nicht erstellen und der Versuch führte (aufgrund des Doppelpunkts) zur Fehlermeldung, dass Dateinamen bestimmte Sonderzeichen nicht enthalten durften. Diese Fehlermeldung musste dem Nutzer kryptisch erscheinen, da für ihn nicht ersichtlich war, dass er gerade im Begriff war, ein *File* anzulegen, schließlich wurden ihm diese Files als »Favorites« präsentiert. Was hier geschieht, ist, dass das augenscheinliche und das wirkliche Modell nicht übereinstimmen. Die Software suggeriert dem Nutzer ein Modell, dem die Implementierung im Hintergrund nicht folgt.

Das Beispiel der IE-Favorites mag heute ein wenig veraltet erscheinen. Glücklicherweise hat Microsoft uns aber ein aktuelleres Beispiel in die neueren Windows-Versionen integriert: den »Dokumente«-Ordner. Dieser Ordner wird im Explorer als ein Top-Level-Objekt angezeigt, verweist aber im Hintergrund auf einen anderen Speicherort. Meist ist dies der Pfad »`C:\Users\{username}\Documents`«, woraus bereits klar wird, dass es sich dabei keineswegs um ein wirkliches Top-Level-Objekt im Filesystem handelt. Schlimmer noch: Der Ordner heißt *in Wirklichkeit* nicht einmal »Dokumente«, sondern englisch

»Documents«. Natürlich handelt es sich hierbei zunächst um ein Convenience Feature, das mutmaßlich einem großen Teil der Nutzer die Arbeit zunächst erleichtert (und dabei allerdings dazu führt, dass viele Nutzer die tatsächliche Ordnerstruktur nicht einmal mehr kennen). Zum Problem wird diese Entscheidung allerdings schnell, wenn andere Softwareprodukte den Ordner über seinen absoluten Pfad referenzieren. Mehr noch: Neuerdings verweist der »Dokumente«-Link oft auf einen *Cloud-Ordner* und spätestens hier wird es für Nutzer durchaus relevant sein zu wissen, ob sie ihre Daten gerade auf ihrer privaten Festplatte oder in einer Cloud speichern. Auch hier divergieren tatsächliches Modell der Implementierung und das dem Nutzer suggerierte Modell fundamental.

Evans diskutiert die Designentscheidung der Favorites unter dem Gesichtspunkt, dass »models matter to users«, und kritisiert letztlich eine inhärente Inkonsequenz: *Entweder* hätte man ein Implementierungsmodell schaffen müssen, das den Erwartungen der Nutzer an »Favorites« gerecht wird und dementsprechend auch keine Filename-Beschränkungen enthält, *oder* aber man hätte dem Nutzer den Umstand offenlegen müssen, dass es sich um *Files* handelt. Letztere Taktik nennt Evans »Letting the Bones Show«. Ist dem Nutzer klar, dass er es mit Files zu tun hat, werden zunächst die Beschränkungen bei der Benennung nicht mehr überraschend sein und Nutzer werden mit fortgeschrittenem Wissen sogar imstande sein, die Dateien anderweitig zu bearbeiten. Die Nutzer besitzen immerhin Wissen über das Filesystem und »Letting the Bones Show« versetzt sie in die Lage, dieses Wissen im konkreten Kontext anzuwenden. Das Kaschieren des Implementierungsmodells bewirkt hier mehr Schlechtes als Gutes.

Evans verwendet das Beispiel weniger als ein Pattern, sondern eher um zu betonen, dass es für Nutzer wichtig ist, das zugrunde liegende Modell zu kennen. Dem Nutzer eine Illusion vorzugaukeln, die das eigentliche Modell verdeckt, wird häufig kontraproduktiv sein. Als Design-Pattern dient »Letting the Bones Show« allerdings dort, wo wir aufgrund externer Beschränkungen oder wegen Zielkonflikten nicht imstande sind, ein dem Use Case völlig adäquates Modell anzubieten. In solchen Situationen wird sich stets die Versuchung ergeben, »Implementierungsdetails«, die sich zunächst wie rein technisch verursachte, unschöne Brüche darstellen, vor dem Nutzer zu verbergen. Dieser Versuchung sollte man nur mit Vorsicht nachgeben. Häufig werden solche Kaschierungsversuche über kurz oder lang zu Situationen führen, die der Nutzer nicht nachvollziehen kann (siehe etwa das nächste Pattern in Abschnitt 6.3). Insbesondere mindern solche Versuche das oben angesprochene Potenzial der Nutzer, die eigene Intelligenz zur Mitigation von Softwarebeschränkungen zu verwenden. Software wird für Menschen geschrieben – und sollte definitiv nicht *gegen* sie arbeiten.

Ein Beispiel

In unserem Beispiel aus Abschnitt 4.4 hatte die Caravaggio Leasing zuletzt beschlossen, strikt zwischen Lieferadresse und Filiale zu unterscheiden (siehe Abbildung 4–8). Nun wurde eine UI benötigt, die einen Gesamtüberblick über die Bestelldaten eines Fahrzeugs bot. Darin fand sich folgende – historisch gewachsene – Anzeigelogik:

Listing 6.1 *Anzeigelogik*

```
fun getLieferadresseToDisplay(fahrzeug: Fahrzeug)
        : Adresse {
    val filialAdresse = getFilialAdresse(
        fahrzeug.filiale.id
    )
    if (fahrzeug.lieferadresse != filialAdresse) {
      return fahrzeug.lieferadresse
    }
    return filialAdresse
}
```

Kaffeepause 12

Welcher logische Fehler findet sich in obigem Code? Und: Welche Frage wirft der Fehler implizit für die UI auf?

Der logische Fehler in obigem Code liegt darin, dass er immer `fahrzeug.lieferadresse` (oder ein Objekt, das dazu zumindest `equal` ist) zurückgibt – der `if`-Block ist daher unnötig.[1]

Interessanter in konzeptueller Hinsicht ist die resultierende UI, die in Abbildung 6–1 dargestellt ist. Grundsätzlich ist die Darstellung natürlich völlig korrekt, d.h., die angezeigten Daten stimmen. Unglücklicherweise beschloss nun die Caravaggio Leasing einen *Umzug* ihrer Münchner Filiale in einen anderen Teil der Stadt. Die neue Adresse wurde in den Filial-Stammdaten nachgepflegt – doch zog

[1] `Adresse` war oben als **Value Object** modelliert worden, daher ist eine Unterscheidung zwischen *Instanzen* irrelevant.

dies keine Änderung an den Lieferadressen der Fahrzeuge nach sich. Das war im Grunde eine logische Konsequenz einer bewusst getroffenen Designentscheidung, die Konsequenzen waren dennoch sehr unschön, als eine größere Menge Fahrzeuge an ein leerstehendes Gebäude geliefert wurde.

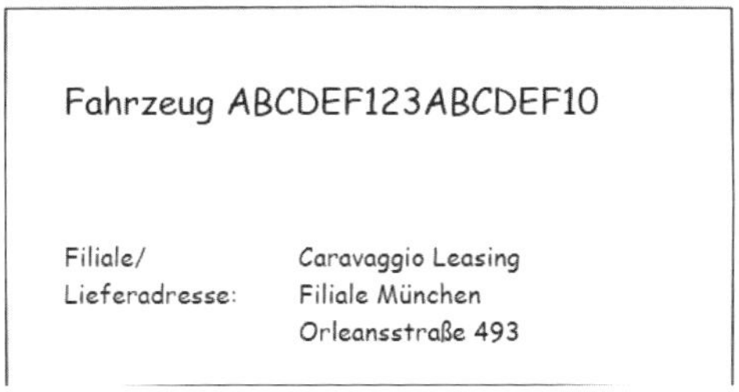

Abb. 6–1
Beispiel-UI: Filiale oder Lieferort

Natürlich hätte das Problem sich leicht vermeiden lassen und es hätte jederzeit auffallen können, dass hier ein Prozessschritt übersehen worden war. Die obige UI war in keinem Fall für das Problem verantwortlich – doch hat sie es sicher verschärft: Sie *verbirgt* nämlich die Trennung von `Filiale` und `Lieferadresse` vor dem Nutzer. Es ist nicht ganz unwahrscheinlich, dass die Nutzer den Fehler früher bemerkt hätten, wenn sie täglich mit einer UI wie der in Abbildung 6–2 hantiert hätten. Garantieren lässt sich das natürlich nicht, man darf aber keineswegs unterschätzen, wie groß die Auswirkungen sind, die solche »Darstellungsfragen« auf die Gedankenwelt der Nutzer haben können!

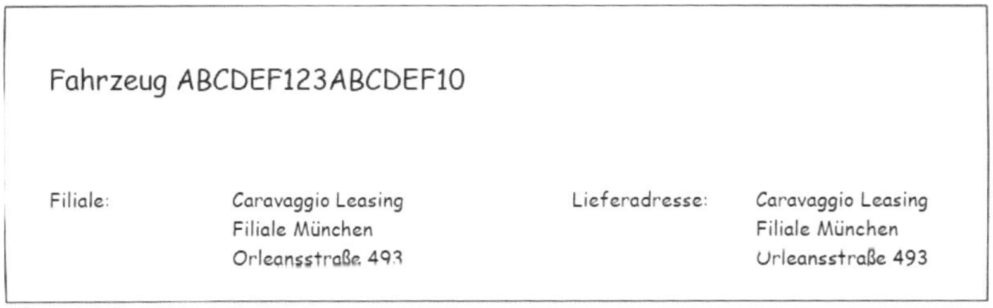

Abb. 6–2
Beispiel-UI: Filiale und *Lieferort*

Natürlich wirkt die UI in dieser Form ein wenig redundant und eine noch bessere Lösung hätte wohl in einer Fusion der beiden Lösungen bestanden, etwa indem im Falle der Lieferung an die Filiale unter »Lieferadresse« schlicht »(wie Filiale)« angezeigt worden wäre. Die Redundanz ist aber erheblich weniger schädlich als der Versuch, das eigentliche Modell vor den Nutzern zu verbergen.

Ein suboptimales, aber verständliches Modell ist besser als eine perfekte Illusion!

6.3 Antipattern: Domain Hiding

Vor dem Hintergrund modernen strategischen Designs und insbesondere in fachlich sinnvoll geschnittenen Microservice-Landschaften tritt vermehrt ein Antipattern auf, das sich gewissermaßen als moderner Verstoß gegen die »Letting the Bones Show«-Regel lesen lässt und das wir »Domain Hiding« nennen wollen. Wir betrachten zur Analyse dieses Patterns noch einmal das Beispiel aus Abbildung 4–9. Wir hatten im Kontext des »Semantic Uniformity«-Patterns eine Trennung von zwei *Bounded Contexts* vorgenommen: Ein Fahrzeug existierte dort sowohl innerhalb der (Sub-)Domäne der Einsatzplanung als auch der Bestellung. Da in unserem Beispiel die Use Cases dieser Subdomänen weitgehend unabhängig waren, hatten wir ihre Modelle getrennt und sogar erwogen, die Subdomänen in zwei Microservices zu implementieren. Die Caravaggio Leasing hat sich für diesen Ansatz entschieden. Eine nächste Anforderung bestand darin, Übersichts-UIs für die verschiedenen Subdomänen zu erstellen. Ein erster Wireframe für einen Master-Detail-View bereits bestellter Fahrzeuge könnte aussehen wie in Abbildung 6–3.

Abb. 6–3
Domain Hiding: ein Master-View

Fahrzeuge

FIN	Lieferadresse	Lieferdatum	Filiale
ABCDEF123ABCDEF10	Orleansstraße 493	29.06.2023	Orleansstraße 493
ABCDEF123ABCDEF22	Orleansstraße 493	29.06.2023	Orleansstraße 493
ABCDEF123ABCDEF33	Paul-Heyse-Straße 1024	29.06.2023	Orleansstraße 493
ABCDEF123ABCDEF44	Orleansstraße 493	29.06.2023	Orleansstraße 493

1 2 .. 7

☕ Kaffeepause 13

Welche Probleme können bei der Implementierung dieser UI auftreten?

Wieder einmal wirkt der Gedanke klar und unproblematisch genug: Für die Mitarbeiter der Caravaggio Leasing soll ein Überblick über die bestellten Fahrzeuge in Tabellenform implementiert werden. Zeilen stellen einzelne Fahrzeuge dar, die Spalten entsprechende Daten dieser Fahrzeuge. Betrachtet man allerdings diese Spalten näher – oder beginnt man mit der Implementierung –, stellt man fest, dass hier ein Problem entsteht: Wir hatten die Information über die Filiale des Fahrzeugs aus fachlichen Gründen in eine separate Subdomäne extrahiert. Die geforderte Tabellendarstellung würde daher – zumindest in einem ersten naiven Ansatz – erfordern, dass unsere UI mit zwei verschiedenen Services kommuniziert (vgl. Abbildung 6–4).

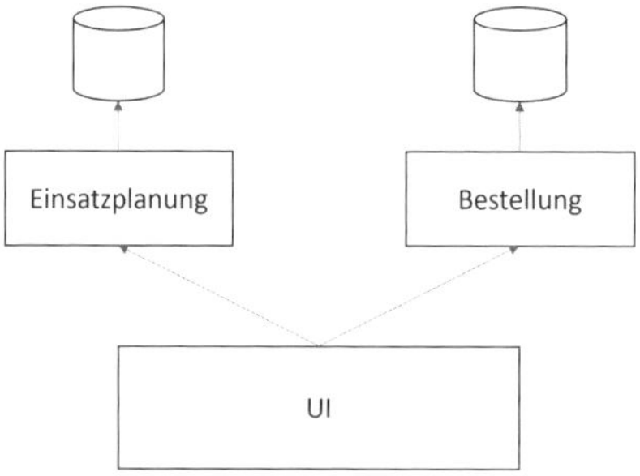

Abb. 6–4
Domain Hiding: Frontend-Integration

In manchen Fällen mag sich dies sogar genau so implementieren lassen, aber es werden sehr schnell Komplikationen auftreten:

- So ist zunächst nicht einmal von vornherein klar, dass es überhaupt eine Eins-zu-eins-Entsprechung von Fahrzeugen in den beiden Subdomänen *Bestellung* und *Einsatzplanung* gibt. Die für diesen fachlichen Kontext »korrekte« Filiale zu ermitteln, kann bereits Logik erfordern.
- Dann wird die Kommunikation mit der *Einsatzplanung*-Subdomäne Auswirkungen auf die Performance haben. Je nach Interfacedesign kann es nötig sein, eine Abfrage je Zeile durchzuführen, was mindestens unnötigen Overhead, möglicherweise auch Performance-Einbußen und zuletzt sogar ungewollte UI-Effekte nach sich ziehen kann.
- Zuletzt können aber noch sehr viel größere Schwierigkeiten auftreten, wenn die auf den ersten Blick sehr naheliegende Anforderung aufkommt, die Tabelle müsse nach dem Namen der Filiale

sortierbar sein. Sortieren nach Eigenschaften von gejointen Entitäten aus Drittsystemen erfordert bereits sehr gezwungen wirkende architekturelle Kunstgriffe (wie z.B. In-Memory-Denormalisierungen, Datensynchronisationen über Domänengrenzen oder CQRS mit Lesedatenbanken). Den Fachexperten jedoch zu erklären, dass aus kruden architekturellen Gründen das Sortieren nach *ausgerechnet dieser* Eigenschaft nicht möglich sei, wird ein kommunikatives Kunststück darstellen.

Bevor wir auf die Gründe dieser Schwierigkeiten blicken, wollen wir noch den zugehörigen Detail-View betrachten (siehe Abbildung 6–5).

Abb. 6–5
Domain Hiding: ein Detail-View

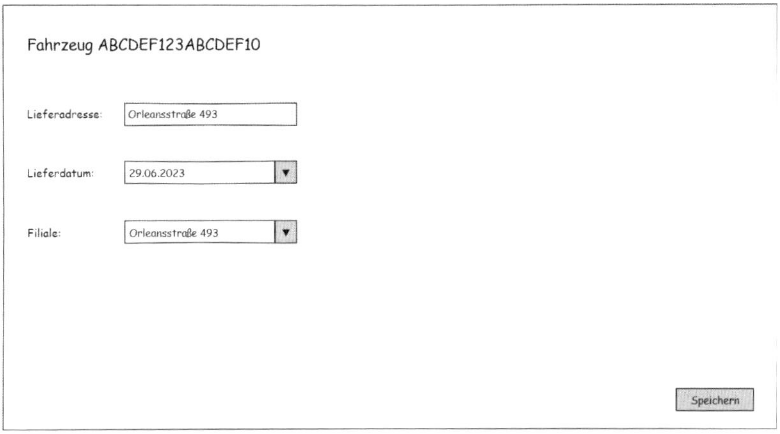

Wieder ist die Anforderung völlig klar: Es soll möglich sein, die Eigenschaften des Fahrzeugs, die zuvor in der Tabelle angezeigt worden waren, zu editieren und über Klick auf den »Speichern«-Button zu persistieren. Das Problem liegt auf der Hand: Dieses »Speichern« erfordert Kommunikation mit zwei Services – und im Idealfall sollte diese sogar transaktional geschehen, sodass nicht etwa nur die Hälfte unserer Daten gespeichert werden kann. Der naive Ansatz bestünde darin, zwei HTTP-Calls gegen die beiden Services durchzuführen. Doch was, wenn eine dieser Operationen fehlschlägt – sei es aus technischen oder aus fachlichen Gründen? Eine mögliche Lösung bestünde darin, diese Operation über ein *Event* abzubilden – doch auch dann kann es fachliche Gründe geben, die die Durchführung der Operation verhindern.

In der Implementierung von Microservices ist sehr viel über solche Fragen diskutiert worden. Einen fortgeschrittenen Beitrag stellt etwa das »Saga«-Pattern[2] dar, das vorsieht, dass jeder der Services

[2] Siehe etwa *https://microservices.io/patterns/data/saga.html*.

»Kompensationsaktionen« vornimmt, falls er seinen Teil einer domänenübergreifenden »Transaktion« rückgängig machen muss. So könnte etwa die Bestellungsdomäne die Änderung des Lieferdatums rückgängig machen, wenn die Einsatzplanung die Änderung der Filiale ablehnen sollte. Man sieht hier bereits, dass die Implementierung solcher Quasi-Transaktionen enorme Komplexitäten mit sich bringt – und man wird das Gefühl nicht los, dass diese Lösung in unserem Fall in keinem sinnvollen Verhältnis zum doch sehr simplen Problem steht.

Ein Schritt zurück

An solchen Punkten ist es oft gut, einen Schritt zurückzugehen. Selbstverständlich werden wir imstande sein, eine Lösung zu implementieren, die alle Anforderungen erfüllt (inklusive einer Quasi-Transaktionalität unter *eventual consistency*-Bedingungen). Im Grunde ist das die Krux in der Softwareentwicklung: Möglich ist nahezu alles. *Sinnvoll* dagegen bei Weitem nicht alles.

Wie ist es nun zu der diffizilen Situation gekommen, in der wir nur unter größten Anstrengungen zwei Anforderungen umsetzen können, die so aussehen, als könnten sie einfacher kaum sein?

Zunächst könnte man auf den Gedanken kommen, die Schuld der Microservice-Architektur selbst zu geben: Wären die beiden Entitäten nicht in separaten Systemen beheimatet, dann ließe sich die Anforderung sehr einfach umsetzen. Warum also die Microservices? Erzeugen diese nicht mehr Komplexität, als sie eliminieren? Die Antwort auf diese Frage lautet – wie meistens: »Jein«. Microservices an sich erzeugen keine Komplexität. Es ist der Schnitt von Microservices, der bestimmt, ob die Services Komplexität erzeugen oder reduzieren. Ein willkürlicher Microservice-Schnitt wird zwangsläufig zu Komplexitäten wie den oben beschriebenen führen (dem sogenannten **(Distributed) Big Ball of Mud**) und die resultierenden Kommunikationszwänge zwischen den Services werden ausreichen, viele Projekte zum Scheitern zu bringen. Umgekehrt führt ein Microservice-Schnitt *entlang der (Sub-)Domänengrenzen* zwar auch zu erhöhtem Kommunikationsaufwand, doch reduziert er zugleich die Komplexität der einzelnen Services in einem überproportionalen Ausmaß – vorausgesetzt, die zugrunde liegenden Fachdomänen weisen eine ausreichende Komplexität auf, die die Etablierung von Microservices *überhaupt* rechtfertigt.

Wenn es aber nicht die Microservice-Architektur an sich ist, die die Schwierigkeiten hervorgerufen hat, war es dann das Design der *Bounded Contexts*? – Es kommt darauf an. Man muss hier fragen, weshalb es eigentlich nötig ist, im Zuge der Bestellung auf Filial-Informationen zuzugreifen – und ganz besonders, weshalb beide nur innerhalb einer Transaktion geändert werden können. Nun gibt es zwei Möglichkeiten: Bei der einen hat es sehr zentrale fachliche Gründe – etwa, weil die Einsatzplanung in unauflöslichem, z.B. finanziellem, Bezug zur Bestellung steht. Wenn das der Fall ist, dann stimmt unserer Domänenschnitt nicht. Wir sind von der Prämisse ausgegangen, dass es sich hier um zwei strikt getrennte Subdomänen handelt. Das heißt nicht, dass diese Kontexte nichts miteinander zu tun haben können, aber ein derart enger Zusammenhang zwischen Business-Operationen würde nahelegen, dass es sich nicht um zwei Subdomänen, sondern eben nur um eine handelt. Eine andere – in diesem Fall wohl wahrscheinlichere – Möglichkeit besteht nun allerdings darin, dass es überhaupt keine zwingenden Gründe *gibt*, weshalb die beiden Entitäten immer zusammen behandelt werden müssen. Möglicherweise sind die Nutzer schlicht gewohnt gewesen, die Daten in großen Excel-Files zu pflegen, die alle verfügbaren Daten auf einmal aggregierten, und diese Gewohnheit ist in die Spezifikation der UI eingeflossen. Sehr oft wird hier ein Nachfragen ergeben, dass es zwar in Ausnahmefällen nötig sein kann, Informationen aus der Einsatzplanung für den Bestellprozess heranzuziehen, dass dies aber keineswegs domänenübergreifende Transaktionen und vielleicht nicht einmal aggregierte Tabellendarstellungen erfordert.

Ist das der Fall, liegt der Fehler weder im Domänenschnitt noch in technischen Designentscheidungen (für oder gegen Microservices) verborgen. Vielmehr entsteht er daraus, dass die UI den zugrunde liegenden Domänenschnitt *verborgen* hat. Es handelt sich hier im Grunde um ein analoges Phänomen zu dem, das Evans in seinem »Letting the Bones Show«-Pattern im Auge hatte: Unsere UI aus den obigen Abbildungen erzeugt die Illusion, im Hintergrund würde eine einzelne Domäne stehen; die wahren (Sub-)Domänengrenzen werden dabei kaschiert, was irreduzible Komplexitäten und für den Nutzer oft unverständliches Verhalten zur Folge haben wird. Eine bessere Strategie hätte hier wohl darin bestanden, die Trennung der beiden Subdomänen auch in der UI nachvollziehbar zu machen.[3] Dem Nutzer eine Einheitlichkeit zu suggerieren, wenn diese zuvor *aus fachlichen Gründen* aufgebrochen worden ist, ist zumindest riskant. Es kann sehr gute Gründe geben, solche Illusionen zu erzeugen – besonders wenn die Nutzer des Systems selbst kein tiefergehendes Verständnis der

[3]Nicht zuletzt deswegen bietet sich auch die Implementierung von *Micro-Frontends* an. Siehe etwa *https://martinfowler.com/articles/micro-frontends.html.*

Fachlichkeit besitzen und brauchen –, aber die Implementierung wird stets einige Komplexität mit sich bringen.

(Sub-)Domänengrenzen sollten im Idealfall für den Nutzer ersichtlich sein!

6.4 Pattern: Semantically Uniform UI

Ebenfalls im Kontext der psychologischen Ebene von DDD können wir ein Pattern erneut aufgreifen, das wir bereits in Kapitel 4 behandelt hatten: semantische Einheitlichkeit – diesmal in der UI. Dass die UI ebenfalls eine Semantik trägt, liegt im Grunde auf der Hand. Es gelten daher für sie dieselben Richtlinien wie für die Domänenmodellierung: UI-Komponenten sollten eine einheitliche Semantik aufweisen.

Zunächst hat diese Forderung geradezu triviale Konsequenzen: So sollte die Funktion von UI-Elementen mit ihrer Präsentation übereinstimmen. Manchen werden noch Messageboxen wie die in Abbildung 6–6 in Erinnerung sein.

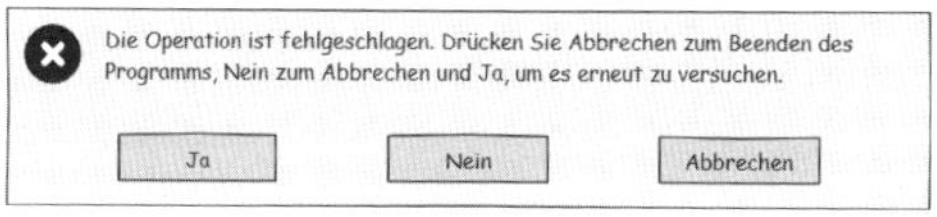

Abb. 6–6
Eine semantisch uneinheitliche Messagebox

Natürlich hatten derlei Absurditäten meist rein technische Gründe und sind kaum mehr zu beobachten.

Abb. 6–7
Ein semantisch uneindeutiger Button

Eine weiter reichende Forderung führt direkt in die in den letzten Jahren verstärkt in den Fokus gerückten Gefilde der *User Experience (UX)*. So impliziert semantische Einheitlichkeit auch, dass ein UI-Element nicht in unterschiedlichen Kontexten eine unterschiedliche Semantik trägt. Ein X-Button etwa sollte tunlichst nicht einmal »Abbrechen« und einmal »Löschen« bedeuten. Wäre etwa der X-Button in Abbildung 6–7 mit einer Löschoperation belegt, wäre es nur eine Frage der Zeit, bis es zu den ersten unabsichtlich gelöschten Entitäten gekommen wäre. Auch in der reinen Oberflächengestaltung ist es wichtig, auf semantische Einheitlichkeit zu achten.

Eine »Reified Relation« in der UI

Nun bewegen sich diese Beispiele auf einer sehr allgemeinen Ebene und folgen zwar denselben Prinzipien wie unsere DDD-Patterns, hängen aber noch nicht unmittelbar mit der Domäne zusammen. Wir wollen daher noch ein weiteres Beispiel erneut in Erinnerung rufen, das wir bereits im Kontext des »Reified Relation«-Patterns (siehe Abschnitt 3.3) besprochen hatten. Wir hatten dort darauf hingewiesen, dass in einem *Worst Case* die synthetische Entität des `FahrzeugFahrers`, die letztlich nur eine reifizierte Relation von `Fahrzeug` zu `Fahrer` darstellte, auch in der UI pflegbar gemacht werden könnte – etwa wie in Abbildung 6–8. Dort wird die Entität des `FahrzeugFahrers` aus Abschnitt 3.3 in Tabellenform dargestellt und es gibt Buttons zum Löschen und Hinzufügen von `FahrzeugFahrern`.

Abb. 6–8
UI für eine reifizierte Relation

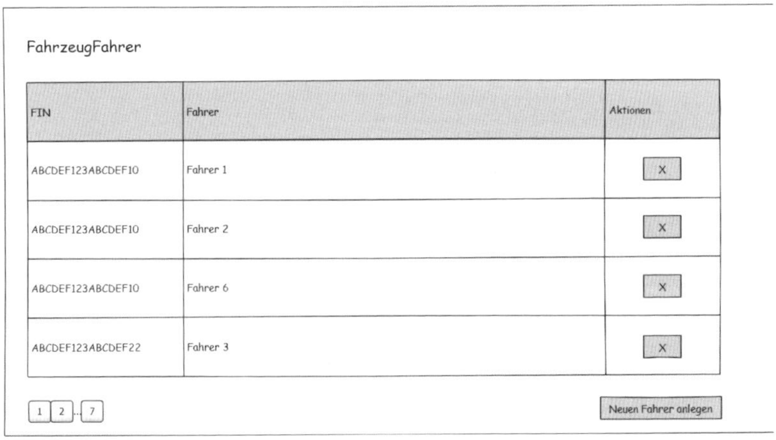

☕ Kaffeepause 14

Welches Problem kann die UI in Abbildung 6–8 erzeugen?

Für einen Entwickler mag diese Darstellung nicht einmal unintuitiv wirken, weil Entwickler an die Auswirkungen von *Left Joins* und die resultierenden Datenredundanzen gewohnt sind. Doch hätte eine UI wie diese höchstwahrscheinlich ungünstige Konsequenzen, da die Zeilen der Tabellen schlicht keinen Entitäten entsprechen. Sie sind *Relationen* zwischen Entitäten, was die duplizierten Daten in der linken Spalte bereits nahelegen. Nun erweckt aber die ganze UI den Eindruck, es handle sich um Entitäten, einschließlich des geläufigen »Neuen Fahrer anlegen«-Buttons. Semantisch einheitlich wäre die UI, wenn sie – analog zu üblichen Master-Detail-Views – Entitäten anzeigen würde oder umgekehrt: sichtbar machen würde, dass hier eine Relation gepflegt wird.

Es ist hier wichtig zu verstehen, dass nicht etwa nur das fachliche Domänenmodell die Software strukturiert – Modellierungen in der Software können auch auf die Gedankenwelt der Nutzer zurückwirken! Ein Nutzer, der täglich mit der dargestellten UI konfrontiert ist, wird zwangsläufig irgendwann in die Gewohnheit verfallen, über `FahrzeugFahrer` nachzudenken. An dieser Stelle beginnt ein fataler Zirkel – denn wir waren ja bislang davon ausgegangen, dass wir uns an die Sprache und Gedankenwelt der Fachexperten halten können, um die Implementierung an die Fachlichkeit zu binden. Wenn nun die Fachlichkeit selbst durch schlecht designte Software bestimmt wird, ist unser Anker in der Fachlichkeit zumindest erheblich loser, als uns lieb ist.

Der mythische »Pen&Paper-Prozess«

Manche Einführungen in das Domain-Driven Design gehen daher idealisierend von einem zuvor vorhandenen »Papierprozess« aus, der die *tatsächliche* Fachlichkeit abbildet. Nun ist es aber nach so vielen Jahren der Business-Software-Entwicklung schlicht nicht mehr realistisch, diese Situation vorzufinden! Die Anwender arbeiten bereits mit Software und wenn das keine dedizierte Software für den jeweiligen Use Case ist, ist es ein »passend gemachtes« Softwareprodukt oder zumindest Microsoft Excel. Aus der Arbeit mit der Software entstehen Gewohnheiten und Begrifflichkeiten und je weiter das Modell der Software sich von einer tatsächlichen Repräsentation der Fachlichkeit entfernt, desto wahrscheinlicher ist es, dass der fachliche Prozess durch Artefakte überlagert wird. Die Arbeit, die es erfordern kann, unter diesen Gewohnheiten einen »ursprünglichen« Business-Prozess und die eigentlichen Business-Entitäten wiederzuentdecken, kann man als »Archäologie des Modells« bezeichnen. Viele Analysetechniken des DDD, die sonst so gute Dienste leisten, geraten in solchen Situationen an ihre Grenzen und es erfordert gemeinsame Anstrengungen sehr vieler Beteiligter von Fachexperten über Architekten bis zu Softwareentwicklern, um die Fäden zu entwirren.

Die fatalen Folgen, die semantisch unangemessene Software für die Arbeitsweise der Nutzer haben kann, illustrieren einmal mehr, wie wichtig es ist, Software eben *nicht* anhand technischer Gegebenheiten, sondern auf Grundlage der Fachlichkeit zu entwerfen und zu implementieren. Dies gilt insbesondere für die Schnittstelle zwischen Software und Nutzer: die UI.

Die Regeln semantischer Einheitlichkeit gelten auch für die UI!
Und: Software kann auf die Gedankenwelt der Nutzer zurückwirken!

6.5 (Anti-)Pattern: Excel Export

Im Kontext dieses Kapitels kann es nicht ausbleiben, eine der häufigsten Anforderungen an IT-Systeme zu erwähnen, die trotz ihrer Häufigkeit den meisten Architekten ein Dorn im Auge ist: der ubiquitäre Excel-Export. Ein alter Witz besagt, die einzige gemeinsame Sprache von Fachseite und IT sei das Excel-Format, und im Kontext der DDD-Forderungen nach einer Ubiquitous Language gewinnt dieser Witz eine ganz neue Bedeutung. Es ist richtig, dass Fachanwender häufig sehr versierte Excel-Nutzer sind und bisweilen noch die Arbeitsweise ganzer Abteilungen darauf beruht, geteilte Excel-Files zu bearbeiten. Doch ist dies im Grunde, aus der Perspektive des DDD betrachtet, eine unglückliche Entwicklung in die falsche Richtung: Die Fachlichkeit wird durch Excel nämlich niemals semantisch korrekt abgebildet. Excel ist ein universales Tool, das sich für eine überraschende Menge von Use Cases einsetzen lässt – darin liegt sowohl seine Stärke als auch seine fundamentale Schwäche. Denn Excel ist eben für keinen Use Case *dediziert* geeignet.

Betrachten wir ein letztes Mal unser Lieferort-/Filial-Beispiel aus Abschnitt 4.4 und nehmen wir an, es ist dort die Anforderung aufgekommen, es muss möglich sein, die Lieferorte und Filialen der Fahrzeuge in Excel-Tabellen zu exportieren. Das Resultat könnte etwa aussehen wie in Tabelle 6–1. Wenn wir uns nun an die Aspekte des DDD erinnern, die wir besprochen haben, stellen wir schnell fest, dass dieser Export gegen nahezu alle Prinzipien verstößt, die wir uns vorgenommen hatten.

FIN	L Straße	L Nr	Lieferdatum	F Straße	F Nr
ABCDEFG1...	Orleansstr	493	29.06.2023	Orleansstr	493
ABCDEFG2...	Orleansstr	493	29.06.2023	Orleansstr	493
ABCDEFG3...	Paul-Heyse-Str	1024	29.06.2023	Orleansstr	493
ABCDEFG4...	Orleansstr	493	29.06.2023	Orleansstr	493

Tab. 6–1 *Beispieldaten – ein Excel-Export*

Kaffeepause 15

Dies ist die letzte Kaffeepause des Buches – und zugleich eine gute Gelegenheit zur Rekapitulation: Inwiefern steht der obige Excel-Export in Konflikt mit den DDD-Prinzipien, die wir jeweils aus *ontologischer*, *semantischer* und *konzeptueller* Perspektive abgeleitet haben?

Ontologie: Es beginnt bereits damit, dass nicht einmal klar ist, welche Entität eine *Zeile* beschreibt. Natürlich soll es sich um ein Fahrzeug handeln, aber spätestens wenn einmal der Use Case aufkommt, eine 1:n-Beziehung in Excel zu exportieren, wird deutlich, dass die Zeilen zugleich auch *Relationen* beschreiben. Darüber hinaus ist aber die Unterscheidung zwischen dem Value Object `Lieferadresse` und der Entität `Filiale` verwischt worden: Es geht aus dem Excel-File nicht hervor, dass die Lieferadresse pro Fahrzeug gepflegt werden kann, während Änderungen an der Adresse einer Filiale sich zwangsläufig auf *alle* Fahrzeuge dieser Filiale auswirken. (Dass außerdem Excel-Tabellen automatisch eine schier unendliche Zahl an generisch verwendbaren Feldern enthalten, ist nur eine Randnotiz.)
Semantik: Der oben bereits festgehaltene Umstand, dass Änderungen der Adresse einer Filiale sich auf alle Fahrzeuge dieser Filiale (und damit auf mehrere Zeilen des Excel-Files) niederschlagen, zeigt auch, dass hier Daten *denormalisiert* wurden. Das ist nicht an sich schlimm, doch wirft es die Frage auf, welchem Use Case das Excel-File später dienen soll: Spätestens, wenn dieses in Business-Prozesse einfließt, die nicht im System abgebildet sind, kann die Denormalisierung zum Problem werden. Schließlich wird sich das Excel-File nicht auf magische Art und Weise ändern, wenn die Stammdaten im Quellsystem angepasst werden. Dass außerdem die Zeilen des Excel-Files äußerst synthetische *Compound Entities* darstellen, ist offensichtlich.
Konzeptueller Raum: Zuletzt handelt es sich bei dem Excel-File um eine *Repräsentation*, die nahezu notwendigerweise zu Daten-

verlusten und Einbußen an Ausdrucksfähigkeit führt, wenn es sich nicht um sehr simple Daten handelt.

Die obigen Punkte mögen zunächst harmlos wirken, verfügen aber über ein sehr explosives Potenzial in dem Moment, in dem die häufige Anschlussanforderung auftritt, es soll nun auch möglich sein, die Daten in Excel zu editieren und dann auch wieder zu *importieren*. Die Fragen, die sich nun aus den obigen prinzipiellen Schwierigkeiten ergeben, sind äußerst diffizil und tendieren dazu, Chaos zu verursachen:

- Was soll geschehen, wenn das File zwei Einträge zum selben »Primärschlüssel« enthält?
- Was soll geschehen, wenn das File einen zuvor exportierten Eintrag nicht mehr enthält?
- Was soll geschehen, wenn das File Änderungen an einer gejointen Entität (wie hier der Filiale) enthält?
- ...

Sehr häufig wird es auf solche Fragen keine klaren Antworten geben – die Szenarien wirken zunächst zu absurd. Allerdings ergeben sie sich direkt aus der semantisch ausdrucksschwachen Excel-Repräsentation. Excel kennt nur zwei Dimensionen: horizontal und vertikal. Die wirkliche Welt hat erheblich mehr (konzeptuelle) Dimensionen, die sich in Excel nur über gezwungene Kunstgriffe und niemals eindeutig abbilden lassen.

Man kann nun den Eindruck gewinnen, Excel-Exporte seien der Inbegriff allen Übels – aber ganz so schlimm ist es nicht. Es ist auch nicht so, dass eine Anwendung niemals Excel-Exporte anbieten sollte. Zwar sollte immer hinterfragt werden, welchem Zweck der Export konkret dienen soll, aber es kann gute Gründe für solche Exporte geben, wie z.B.:

- Es sollen in großem Ausmaß *Tabellenoperationen* auf den Daten ausgeführt werden, wie das Kopieren von Zeilen, Massenupdates, Summierungen über Spalten etc. Es ist möglich, Excel in der eigenen Anwendung nachzuimplementieren, aber selten sinnvoll. Excel ist – und das ist der Grund für seine beispiellose Erfolgsgeschichte – ein enorm mächtiges Tool, soweit es seinen Kernanwendungsfall betrifft. Mit Excel auf diesem Gebiet zu konkurrieren, ist hoffnungslos.
- Es gibt Umsysteme, die nicht geändert werden können und deren einzige Schnittstelle auf Excel basiert. Diese Situation ist äußerst unglücklich und tritt immer wieder einmal auf. Natürlich wäre es

eine erheblich bessere Lösung, die fraglichen Systeme zu ändern und mit sinnvollen APIs zu versehen, doch wird dies manchmal schlicht nicht möglich sein.

- Es treten häufig fachliche Situationen auf, die (noch) nicht in dedizierten IT-Systemen abgebildet sind. Letztlich findet trotz aller Digitialisierungsbemühungen ein nicht unerheblicher Anteil der täglichen Arbeit in Systemen statt, die nicht dediziert für den entsprechenden Use Case gebaut sind (angefangen mit der täglichen E-Mail-Kommunikation). In einer völlig digitalisierten Geschäftswelt wären Excel-Exporte ein Relikt aus vergangenen Zeiten, doch in dieser leben wir noch nicht.

Insbesondere der letzte Punkt unterstreicht, was wir zuvor betont haben: Es sind die Nutzer, die letztlich mit dem System (und bisweilen um das System herum) arbeiten müssen. Software ist kein Selbstzweck und daher sollten Designprinzipien niemals *gegen die Nutzer* ausgespielt werden. Das heißt nicht, dass Excel-Exporte eine gute Idee sind – es heißt, dass sie in bestimmten Situationen ein Fallback sein können, der die Nutzer in die Lage versetzt, sich selbst zu helfen.

Excel-Exporte sind nahezu das genaue Gegenteil von DDD – aber manchmal muss man in den sauren Apfel beißen ...

6.6 Pattern: Human Fallback

Viele der Empfehlungen der letzten Patterns lassen sich auf ein gemeinsames Fazit zurückführen: Die Software sollte es dem Nutzer stets ermöglichen, auf seine eigene Intelligenz zurückzufallen. Software ist nie universal, sie wird für einen bestimmten Anwendungszweck implementiert und stellt immer nur – das hatten wir in den vorhergehenden Kapiteln gesehen – einen *Aspekt* der Welt dar. Fachlichkeiten ändern sich, relevante Aspekte sind variabel, bisweilen geschehen in der Realität Dinge, die schlicht nicht möglich sein sollten, und mit all dem gehen Menschen täglich und (meistens) ohne Schwierigkeiten um. Software neigt dazu, solche Fälle als »Exceptions« zu begreifen, und während Ausnahmesituationen für die Software fast ein Skandal sind, sind sie in der realen Welt paradoxerweise nahezu die Regel. Software sollte daher – von offensichtlichen Ausnahmen abgesehen – nie so hermetisch abgeriegelt sein, dass sie keine menschlichen Eingriffe oder Abweichungen von Sollprozessen erlaubt. Natürlich sollten solche Eingriffe die Ausnahme bleiben, protokolliert und überprüft werden und niemals anstelle der immerhin eigens implementierten Anwendung treten – aber möglich sollten sie sein. Diese Grundregel scheint zunächst ein sehr leeres Prinzip zu sein und stellt auch wenig mehr als die Quintessenz der vorhergehenden Patterns dar. Sie leitet sich jedoch aus einem noch fundamentaleren Prinzip ab, das dann zuletzt doch noch eine neue Aussage dazu abgibt, worum es eigentlich bei DDD geht:

Software wird für Menschen geschrieben!

6.7 Literaturhinweise

- Das »Letting the Bones Show«-Pattern stellt Evans selbst in [Evans 2004, S. 57 ff.] dar.

- Ein »Must Read« des UX-Designs ist Steve Krugs Klassiker *Don't make me think* [Krug 2014]. Sein Hinweis, »Dinge, die nachdenken erfordern« (S. 14) zu eliminieren, lässt sich auch als Forderung nach semantischer Einheitlichkeit begreifen. Für den Kontext von komplexer Business-Software gilt seine Anmerkung, manchmal müsse man sich mit »selbsterklärend« zufriedengeben, wenn »offensichtlich« schon nicht zu erreichen sei (S. 18), in besonderem Maß.

- Das Saga-Pattern wird sehr detailliert und vor allem in verschiedenen Ausprägungen dargestellt in [Ford et al. 2022, S. 323 ff.]. Insbesondere werden dort auch Designentscheidungen zu Kommunikation, Konsistenz und Koordination besprochen.

- Fragen zum Design von Microservices diskutiert Newman in [Newman 2015]. Auch Fragen der Integration werden dort besprochen, zu Fragen der UI siehe S. 67 ff.

- Zum Komplex des »Big Ball of Mud« und besonders zu seiner Evolution zum »*verteilten* Big Ball of Mud« siehe Carola Lilienthals und Henning Schwentners *Domain Driven Transformation* [Lilienthal & Schwentner 2023, S. 75 ff.].

7 Schluss: DDD in Zeiten von KI

Wir haben in den Kapiteln dieses Buches immer neu zu greifen versucht, worum es eigentlich bei DDD geht. Die Prinzipien, die aus den verschiedenen Ansätzen resultierten, bleiben valide, auch wenn unsere Definitionen sich immer wieder geändert haben. Das liegt daran, dass letztlich alle Definitionen denselben Sachverhalt aus verschiedenen Blickwinkeln beschreiben: Software wird von Menschen und für Menschen geschrieben. Letzteres hatten wir im letzten Pattern (Abschnitt 6.6) hervorgehoben, Ersteres erfordert allerdings heutzutage noch eine Anmerkung. Es wird gerade vor dem Hintergrund neu aufkommender und enorm leistungsfähiger künstlicher Intelligenzen darüber diskutiert, ob Software in Zukunft überhaupt noch von Menschen geschrieben werden wird. Diese Frage hätte möglicherweise auch Auswirkungen auf die Zukunft des DDD: Es ist vorstellbar, dass Software, die von künstlichen Intelligenzen auf Grundlage bloßer Anforderungen geschrieben würde, den Charakter einer »Black Box« annehmen könnte. Künstliche Intelligenz (KI) könnte imstande sein, Software direkt in Assembler oder gar in eigens geschaffenen Programmiersprachen zu schreiben, etwa um höchste Performanz zu erreichen. Solcher Code wäre dann nicht mehr menschenlesbar, aber wozu wäre das auch noch nötig? Und warum sollte dann DDD noch eine Rolle spielen?

Nun sind natürlich alle Spekulationen über eine solche Softwareentwicklung der Zukunft ohnehin ein Blick in die Glaskugel. Allerdings scheint es mir persönlich unwahrscheinlich, dass die Menschen in naher Zukunft bereit sein werden, solche »Black Box«-Software zu akzeptieren und künstlicher Intelligenz bis zu einem Punkt zu vertrauen, an dem es nicht mehr nötig (und möglich) sein wird, ihre Ergebnisse zu prüfen. Zum aktuellen Zeitpunkt scheint klar, dass ChatGPT und ähnliche Produkte nicht imstande sind, zuverlässig Software von hinreichender Komplexität im Alleingang zu erstellen und zu warten. Das mag sich ändern, vielleicht auch bald – doch wird es wohl weiterhin nötig sein, zu verstehen, welche Ergebnisse die KI produziert. Und hier kommt erneut das *Domain-Driven Design* zu seinem Recht: Mir scheint, dass der vielversprechendste Ansatz, künstlich erzeugte Softwareprodukte verständlich zu halten, darin besteht, das Domänenmodell und seine Logik zur Schnittstelle von Mensch, Entwickler und KI zu machen. In einer vorstellbaren Zukunft der Softwareentwicklung könnte die Aufgabe des Entwicklers sein, die Spezifikationen der Domänenexperten zu einem verständlichen Modell zu destillieren und – in einem noch nicht abzuschätzenden Ausmaß – KI zur Generierung von entsprechendem Code zu verwenden.

All das ist keineswegs sicher und möglicherweise wird der Softwareentwicklungsalltag sich völlig anders entwickeln. Zum aktuellen Zeitpunkt scheint jedoch weiterhin zu gelten, dass DDD das Mittel der Wahl ist, um die Gedankenwelt der Domänenexperten, das Verständnis der Entwickler und den Code kongruent zu halten – und möglicherweise wird sich herausstellen, dass dieser semantische Ansatz der Softwareentwicklung vor dem Hintergrund der sich abzeichnenden Veränderungen wichtiger sein wird denn je.

Register zentraler DDD-Begriffe

Abkürzungsverzeichnis

API	Application Programming Interface
BA	Business-Analyst
BPMN	Business Process Model and Notation
CQRS	Command Query Responsibility Segregation
DDD	Domain-Driven Design
DTO	Data Transfer Object
GUI	Graphical User Interface
IDE	Integrated Development Environment
JEE	Jakarta (früher: Java Platform) Enterprise Edition
JPA	Jakarta (früher: Java) Persistence API
JSON	Java Script Object Notation
JVM	Java Virtual Machine
KI	Künstliche Intelligenz
ORM	Object-Relational Mapping
SMTP	Simple Mail Transfer Protocol
SOA	Service-Oriented Architecture
UI	User Interface

Literaturverzeichnis

[Bloch 2008] BLOCH, Joshua: *Effective Java*. Addison-Wesley, 2008.

[Carnap 1988] CARNAP, Rudolf: *Meaning and Necessity. A Study in Semantics and Modal Logic*. University of Chicago Press, 1988.

[Chen 1976] CHEN, Peter Pin-Shan: The Entity-relationship Model – Toward a Unified View of Data. In: *ACM Transactions on Database Systems* 1 (1976), Nr. 1, S. 9–36.

[Evans 2004] EVANS, Eric: *Domain Driven Design. Tackling Complexity in the Heart of Software*. Addison-Wesley Professional, 2004.

[Ford et al. 2022] FORD, Neil; RICHARDS, Mark; SADALAGE, Pramod; DEHGHANI, Zhamak: *Software Architecture: The Hard Parts. Modern Trade-Off Analyses for Distributed Architectures*. O'Reilly, 2022.

[Fowler 2003] FOWLER, Martin: *Patterns of Enterprise Application Architecture*. Addison-Wesley Professional, 2003.

[Frege 2008] FREGE, Gottlob: *Über Sinn und Bedeutung*. S. 23–46. In: *Funktion, Begriff, Bedeutung. Fünf logische Studien*, Vandenhoeck & Ruprecht, 2008.

[Gamma et al. 2015] GAMMA, Erich; HELM, Richard; JOHNSON, Ralph; VLISSIDES, John: *Design Patterns. Entwurfsmuster als Elemente wiederverwendbarer objektorientierter Software*. mitp, 2015.

[Gamut 1990] GAMUT, L.T.F.: *Logic, Language, and Meaning. Volume 2: Intensional Logic and Logical Grammar*. University of Chicago Press, 1990.

[Gärdenfors 2000] GÄRDENFORS, Peter: *Conceptual Spaces. The Geometry of Thought*. MIT Press, 2000.

[Hofer & Schwentner 2023] HOFER, Stefan; SCHWENTNER, Henning: *Domain Storytelling. Gemeinschaftlich, visuell und agil zu fachlich wertvoller Software*. dpunkt, 2023.

[Hunt & Thomas 2000] HUNT, Andrew; THOMAS, David: *The Pragmatic Programmer. From Journeyman to Master.* Addison-Wesley, 2000.

[Khononov 2022] KHONONOV, Vlad: *Learning Domain-Driven Design. Aligning Software Architecture and Business Strategy.* O'Reilly, 2022.

[Kleppmann 2017] KLEPPMANN, Martin: *Designing Data-Intensive Applications. The Big Ideas Behind Reliable, Scalable, and Maintainable Systems.* O'Reilly, 2017.

[Kripke 2024] KRIPKE, Saul A.: *Name und Notwendigkeit.* Suhrkamp, 2024.

[Krug 2014] KRUG, Steve: *Don't Make Me Think! Revisited: Web & Mobile Usability – Das intuitive Web.* mitp, 2014.

[Lilienthal & Schwentner 2023] LILIENTHAL, Carola; SCHWENTNER, Henning: *Domain-Driven Transformation. Monolithen und Microservices zukunftsfähig machen.* dpunkt, 2023.

[Martin 2009] MARTIN, Robert C.: *Clean Code. A Handbook of Agile Software Craftsmanship.* Addison-Wesley, 2009.

[Newman 2015] NEWMAN, Sam: *Building Microservices. Designing Fine-Grained Systems.* O'Reilly, 2015.

[Olivé 1999] OLIVÉ, Antoni: Relationship Reification: A Temporal View. In: *Advanced Information Systems Engineering (CAiSE 1999),* 1999, S. 396–410.

[Stiehl 2013] STIEHL, Volker: *Prozessgesteuerte Anwendungen entwickeln und ausführen mit BPMN.* dpunkt, 2013.

[Vernon 2013] VERNON, Vaughn: *Implementing Domain-Driven Design.* Addison-Wesley, 2013.

[Wagner et al. 2006] WAGNER, Ferdinand; SCHMUKI, Ruedi; WAGNER, Thomas; WOLSTENHOLME, Peter: *Modeling Software with Finite State Machines. A Practical Approach.* Taylor & Francis, 2006.

[Webber et al. 2010] WEBBER, Jim; PARASTATIDIS, Savas; ROBINSON, Ian: *REST in Practice. Hypermedia and Systems Architecture.* O'Reilly, 2010.

Index